船 舶 电 站

黄曼磊 编著

科学出版社
北 京

内 容 简 介

本书主要介绍船舶电力系统的基本概论、船舶电站的参数选择、船舶同步发电机的并联运行、船舶同步发电机电压及无功功率的自动调整、船舶同步发电机频率及有功功率的自动调整、船舶电力系统的短路电流计算、船舶电站的数学模型；总结归纳船舶电力系统的设计内容、设计要求和设计步骤，船舶电站容量和负荷计算方法，并车条件和操作，船舶同步发电机的调压和调频，无功功率和有功功率的合理分配，短路计算方法，数学模型。本书包含船舶电站及其自动化的基本理论和实际应用知识，力求深入浅出，具有一定的理论系统性和可操作性。

本书可作为高等院校电气工程及其自动化、船舶电子电气工程、船舶与海洋工程、轮机工程等相关专业的教材或参考书，也可供船厂工作人员、从事船舶电力系统设计的工程技术人员参考。

图书在版编目（CIP）数据

船舶电站/黄曼磊编著. —北京：科学出版社，2024.3
ISBN 978-7-03-078247-2

Ⅰ. ①船… Ⅱ. ①黄… Ⅲ. ①船用电站 Ⅳ. ①U665.12

中国国家版本馆 CIP 数据核字（2024）第 059106 号

责任编辑：姜　红　常友丽 / 责任校对：邹慧卿
责任印制：徐晓晨 / 封面设计：无极书装

科学出版社 出版
北京东黄城根北街 16 号
邮政编码：100717
http://www.sciencep.com
北京中石油彩色印刷有限责任公司印刷
科学出版社发行　各地新华书店经销
*
2024 年 3 月第 一 版　开本：787×1092　1/16
2024 年 3 月第一次印刷　印张：10 1/4
字数：243 000

定价：49.00 元
（如有印装质量问题，我社负责调换）

前　　言

　　《船舶电站》是按照高等院校本科专业培养计划中电气工程及其自动化、船舶电子电气工程、船舶与海洋工程、轮机工程四个专业的教学大纲要求编写的。本书为新编教材，较全面、系统地阐述了船舶电站的基本理论和工程实践。本书作者长期从事"船舶电站"课程的教学工作和与船舶电站相关的科学研究工作，在此基础上，总结多年来的教学经验、发表的学术论文成果等撰写完成本书。

　　全书共 7 章。第 1 章是对船舶电力系统的总体概述，介绍了船舶电力系统基本参数，对船舶电站、船舶电网、配电装置的组成和功能进行了阐述，引入了船舶电力系统的可靠性及生命力概念。第 2 章的主要内容是船舶电站的参数选择，介绍了三类负荷法和需要系数法的计算方法和计算步骤，最后介绍了发电机和原动机的选型。第 3 章主要介绍了船舶同步发电机的并联运行，分别对手动准同步方法、电抗同步方法和自动准同步原理进行了阐述。第 4 章主要论述了船舶同步发电机电压及无功功率的自动调整，介绍了两个典型的不可控相复励装置，简要介绍了晶闸管励磁装置，阐述了可控相复励原理和无刷励磁，对并联运行的同步发电机之间无功功率的分配及其稳定性进行了重点分析。第 5 章的主要内容是船舶同步发电机频率及有功功率的自动调整，介绍了调速器作用原理和特性，分析了并联运行的同步发电机之间有功功率的分配问题，阐述了自动频载调节装置原理。第 6 章主要介绍了船舶电力系统的短路电流计算，阐述了短路电流计算基础知识，介绍了短路点选择原则，论述了船舶电力系统短路电流常用算法和参考计算方法。第 7 章主要论述了船舶电站的数学模型，分别建立了柴油机调速系统的数学模型、柴油发电机组的非线性数学模型、船舶电站负荷的数学模型、同步发电机调压系统的数学模型、柴油发电机组并联运行的数学模型，这些模型的建立有利于深刻理解前面章节所学的内容。

　　本书引用和参考了许多同行的论著，这些论著已在参考文献中列出，在此向所有作者致谢！

　　本书的出版获得哈尔滨工程大学本科教材立项资助，在此表示衷心的感谢！

　　由于作者的水平和学识有限，书中难免会有不足之处，敬请读者批评指正。

黄曼磊

2023 年 5 月于哈尔滨

目　　录

第 1 章　船舶电力系统概论

1.1　船舶电力系统简介

1.1.1　船舶电力系统的组成

由发电、变配电、输电和用电四部分设备构成的统一整体称为电力系统。电力系统示意图如图 1-1 所示，T_b 为汽轮机（turbine），G 为发电机（generator），T_1、T_2 为变压器（transformer），L_{AC} 为交流输电线（alternating current transmission line），L_{DC} 为直流输电线（direct current transmission line），P 为电力系统综合负荷（power aggregate load），M 为电动机（motor）。

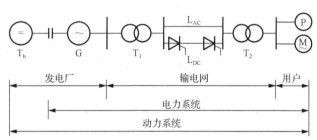

图 1-1　电力系统示意图

船舶电力系统可分为船舶电站、船舶电网和用电设备。船舶电力系统示意图如图 1-2 所示，T 为变压器（transformer），M 为电动机（motor），G 为发电机（generator），MSB 为主配电板（main switch board），SSB 为分区配电板（section switch board）。

船舶电站由原动机、发电机和主配电装置组成。

船舶电网是全船电缆电线和配电装置以一定方式连接起来的组合体，是联系电能的生产者（各种电源）和电能的消费者（各种用电设备）的中间环节，担负分配和输送电能的任务。船舶电网按其所联系的负载性质分为动力电网、照明电网、应急电网、弱电电网等。

配电装置是用来接收和分配电能，并对电力系统进行保护、监视、测量、指示、调整、变换和控制等工作的设备。配电装置可以分为：属于船舶电站的 MSB、船舶电网中间的 SSB；属于应急电力系统的应急配电板（emergency switch board, ESB）、蓄电池充放电板（battery charging and discharging panel, BCDP）。分配电板又可分为动力配电板和照明配电板。

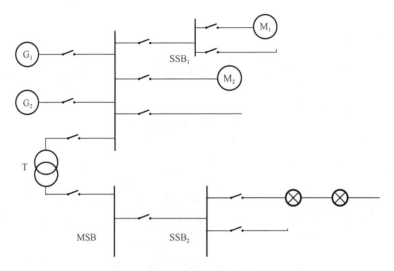

图 1-2　船舶电力系统示意图

船舶用电设备即负载，分为以下四类。

（1）船舶各种机械的电力拖动，包括甲板机械（舵机、锚机、绞缆机、起货机等）、舱室机械（各类油泵、水泵、空压机、通风机、空调设备等）、电力推进和工作船舶用的生产机械。

（2）船舶照明设备，包括工作场所、生活舱室的各种照明灯具和航行、信号灯具。

（3）船舶通信和导航设备。

（4）船舶上生活所需的其他用电设备，如电热装置、冰箱、电视机等。

总之，船舶电站是船舶电力系统的核心，它在船舶整体设计中占有很重要的位置，特别是在现代自动化船舶上，重要性显得尤为突出。

一个实际的船舶电力系统示意图如图 1-3 所示。其中，G 为发电机（generator），EG 为应急发电机（emergency generator），ACB 为空气断路器（air circuit breaker），EACB 为应急空气断路器（emergency air circuit breaker），MCB 为小型断路器（miniature circuit breaker），M 为电动机（motor），DSB 为分配电板（distribution switch board），RSB 为无线电配电板（radio switch board），EMCB 为应急小型断路器（emergency miniature circuit breaker），ISW 为隔离开关（isolating switch），ISB 为照明配电板（illuminated switch board），EISB 为应急照明配电板（emergency illuminated switch board），IDSB 为照明分配电板（illuminated distribution switch board），EDSB 为应急分配电板（emergency distribution switch board），T 为变压器（transformer），ET 为应急变压器（emergency transformer）。

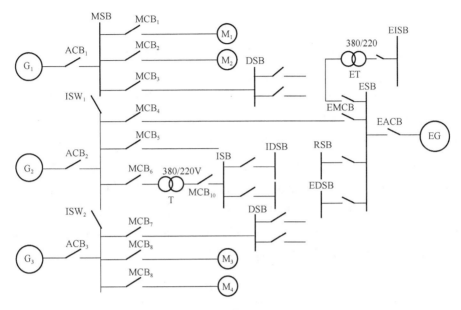

图 1-3 实际的船舶电力系统示意图

1.1.2 船舶电力系统的特点

和陆上电力系统一样，船舶电力系统由发电设备、变配电装置、输电网络、用电设备等按一定的连接方式组成。但由于负荷特点和具体工作条件不同，船舶电力系统和陆上电力系统相比，有明显的不同。

（1）船舶电站和电力系统容量较小，为了保证供电可靠性、经济性，陆上电力系统一般都由十几个甚至数十个不同类型的发电厂联合供电，电力系统容量高达上亿千瓦。由于船舶电站只供给一条船舶负载，因此单机容量和系统容量要小得多，一般万吨船装机容量为 1000kW 左右。目前世界上最大的船舶电站容量达到数万千瓦，单机容量已达 5000kW，但总的说来，船舶电力系统与陆上电力系统的容量是无法比拟的。

由于船舶电站容量小，单机容量可与某些大的船用负荷相比拟，当大的电动机起动时，对电网造成较大冲击，因而对船舶电力系统的稳定性提出了较高要求，如要求船用发电机调压器动作要快，有强行励磁能力，发电机有较大的承受过载的能力。此外，由于船舶工况变动频繁，要求船用并车装置简单、可靠。

（2）船舶电气设备比较集中，电网较小。陆上电力系统由于容量大、输电距离远，为了减少电压和功率损失，必须采用高压输电，这就需要配备各种电压等级的配电装置和输电线路，以满足输变压的要求，输电线路可采用电缆，但大多数采用架空线路，因为像 500kV 这样高电压、大容量、远距离的高压输电采用电缆，无论在经济上还是技术上都是难以实现的。而一条船充其量长 200～300m，整个系统范围不大，船舶电站与用电设备之间距离很短，因此，船上主要采用 400V 电压等级的发配电设备及电缆供配电，在计算线路电压降时，往往可以忽略电缆的电抗。船舶发电机和船舶电网的保护也比陆地上的简单得多，但由于线路短，电网发生短路时对发电机和系统的影响大。

（3）船舶电气设备工作条件恶劣。船舶被水包围，自成体系，独立性强，在航行中倘遇意外，主要依靠自救。船舶电气设备工作条件比陆地恶劣得多，环境条件对电气设备的运行性能和工作寿命有严重影响，如：环境温度较高（在赤道附近，机舱温度高达 50℃以上），相对湿度较大（有时高达 95%～100%）；存在盐雾、霉菌、油雾、凝露，使导电金属受到腐蚀，绝缘材料的性能降低，加速老化，电气设备工作性能受到影响；船舶的摇摆（横摇 22.5°）、倾斜（长期横倾 15°～22.5°，纵倾 10°）、振动（由波浪冲击、往复式机器运转、火炮射击等引起）影响了电气设备工作的可靠性和正确性。由此可见，船用电气设备必须满足船用条件下可靠、稳定地工作的要求，如表 1-1 所示。

表 1-1　船用条件

序号	工作条件	要求	序号	工作条件	要求
1	周围温度	−25℃～+45℃	7	横摇	22.5°
2	相对湿度	95%	8	长期横倾	15°（应急设备为22.5°）
3	凝露	有	9	长期纵倾	10°
4	盐雾	有	10	振动	有
5	油雾	有	11	冲击	有
6	霉菌	有			

选用船舶电气设备需要用符合船用条件的产品，无船用产品时，可考虑采用陆用产品加三防（防湿热、防盐雾、防霉菌）来代替。

1.1.3　船舶电力系统的发展概况

船舶电力系统的设计通常以船舶总体设想和对各系统的要求为依据，故船舶总体的发展必然会对船舶电力系统提出更高的希望和要求。随着船舶吨位的增大、电气化程度的提高和科学技术的发展，船舶电力系统亦有显著的进步和变化。

（1）船舶电力系统的发电功率逐年增大。新中国成立初期，我国只能建造简单的小型钢质船舶，总吨位不到 1 万吨。70 多年来，中国造船业不断发展，尤其是改革开放以来，发展十分迅速，建立了具有一定规模的现代造船工业，并且从完全封闭的国内市场走向世界造船市场，如今中国造船业已经可以制造包括航空母舰在内的各种先进船舶。与船舶吨位增加相适应的船舶电力系统发电功率已达数万千瓦，单机容量 5000kW。

（2）电力系统的设备性能和供电指标有了很大的提高。现代船舶电力系统的设计以最大限度地维持不间断供电为目标。由于船电技术的发展，船舶电力设备日趋完善。工业部门不仅能为船舶提供完整的发电机组系列、性能优良的各种容量自动开关和监视保护设备，而且船电设备的功能也有显著的提高。发电机的快速调压调频设备提高了电力系统的静态和动态性能指标，同时也加强了系统承受各种突然负荷的能力。

（3）电力系统实现集中控制和自动化。电力系统自动化是船舶自动化的一个组成部分，也是船舶现代化的一个重要标志。船舶电站自动化有以下优点。

第一，维持船舶电力系统供电的连续性和可靠性，增强船舶运行的生命力。

第二，提高船舶电站供电质量，使各用电负载处于良好的工作状态。

第三，改善船员的劳动条件。自动化技术的广泛应用充分发挥了电力设备的潜在功能，并使船员的操作量大大下降，劳动强度减轻，使船员有更多的时间、精力从事设备的维修工作。

第四，减少船员，提高劳动生产率和船舶运行的经济指标。

此外，自动化可以实现系统的最佳运行，提高设备运行的效率、经济性和安全性。

随着船舶容量的不断增加，为了提高电气的可靠性，减小电气设备的尺寸和重量，20世纪 50 年代许多国家普遍开展了船电交流化工作，60 年代开始进行电站局部自动化，提出了提高船舶电站的电压和频率并进行试验，采用船舶电站单元自动化装置，如自动并车、自动调频调载、自动卸载和自动起动等。

航海事业处于国际竞争之中，因此要求有价廉、高效率、高可靠性的船舶。在船舶有关费用中，主要是船员的费用和修理费用，这就不得不谋求船舶设备自动化以及精简船员。自动化电站为减少人员提供了可能与条件。

（4）在船舶电力系统中广泛采用各种新技术。科学技术的发展逐步改变了船舶电力系统的面貌，电力系统控制线路的电子化程度有了很大的提高，半导体和集成电路普遍代替了电磁、机械、液压等控制部件，出现了电子固态保护装置、电子调速器等性能更优越的新型部件。电力电子技术促使电能变换设备趋向静止型化，从而提高了系统运行的性能，减少了电力设备的体积和重量。电子计算机的推广应用，出现了微机控制和管理的电站，对于发挥船舶电站的功能、应对船舶多工况的变化，有很大的促进作用。设备电子化的结果，推行了便于生产装配和维护保养的标准部件和插件方式，提高了生产效率，缩短了设备维修时间。

1.2 船舶电力系统基本参数

船舶电力系统的基本参数有电流种类、电压等级和额定频率。它们决定了船舶电站工作的可靠性和电气设备的重量、尺寸、价格等。

1.2.1 电流种类

电流有直流和交流两种。早期船舶多采用直流电力系统，20 世纪 30 年代开始在军用船舶上采用交流电制，之后逐渐推广到各种船舶，50 年代形成电制更替高潮。我国船舶在 20 世纪 60～70 年代完成了向交流电制过渡。然而船舶电力系统的电流种类仍然会受到船舶能源类型或某种条件的限制，例如，采用蓄电池组为能源的常规潜艇就很难推行交流电制，有较高调速要求的推进电力系统也往往采用直流电制。

交流电站与直流电站相比，前者设备成本和维护保养方面的费用及工作量比后者少得多。因为交流电动机没有整流子，结构简单、体积小、重量轻、运行可靠。鼠笼式电动机可以直接起动，控制设备少。此外，交流动力网络与照明网络之间可通过变压器实现电气隔离，使绝缘电阻低的照明电网基本上不影响动力电网。交流电制也有利于船舶电气化程度的提高和系统容量的增长。直流电站的优点是调压并车简单，电动机起动时冲击小，可实现大范围平滑调速，蓄电池组充电不需要整流器等。然而，由于电力电子技术的发展，直流电制的优点越来越不明显，交流电制在国内外各种船舶中占了主要地位。

1.2.2 电压等级

确定电力系统及其负载的电压等级是电力系统设计的一项重要内容。从减少导体电流的角度来看，提高电压是有利的，可以减小电器元件的导电截面，节约有色金属。如电器在电压为 127V 时的重量为 1p.u.（p.u.表示标幺值），则当电压为 220V、380V 和 500V 时，电器的重量分别近似地等于 0.58p.u.、0.33p.u.和 0.25p.u.。

另外，电压的提高增加了电器灭弧的困难，为此对电气设备的绝缘和安全方面提出了更高的要求，需要加大灭弧间隙，这样又使电器的重量、尺寸增大，故在电压高于 600V 时，其重量、尺寸减小很少。

目前世界各国对电压等级的考虑主要是与本国陆上电制的参数能统一。我国发电设备具有 230V（单相）、400V（三相）的额定电压。欧盟从 1992 年起规定低压发电设备的额定电压只允许使用 230V/400V。由于船舶容量的增加，提高电压是必然趋势。在一些大型船舶、工程船舶上，电站容量已达 20000～40000kW，单机功率达 3000～5000kW，这时仍采用 400V 电压等级已不可能。因为三相 400V 和 $\cos\varphi$ =0.8（φ 为功率因素角）、发电机额定相电流为 5700A 时，就需要 18 根截面为（3×240）mm^2 电缆并联运行，这是不合理的。此外，这样的电流使开关保护电器复杂化。

船舶电站额定电压有向中压发展的趋势。国际电工委员会建议采用 3.3kV 电压；英国、美国等因为陆上有 3.3kV、6.6kV 电压等级，所以这些国家在巨型船舶上采用 3.3kV、6.6kV；德国允许最高工作电源电压为 11000V，这是充分估计了船舶电压发展趋势的最高电压；我国电力推进系统最高允许直流电压为 1000V，交流电压为 6300V。

1.2.3　额定频率

船舶交流电力系统现行额定频率有工频和中频两种。工频是船舶动力电气设备使用的频率，按各国传统习惯，有 50Hz 和 60Hz 两种。我国船舶与陆用电源一致，用 50Hz 的标准频率。美国、韩国、菲律宾等采用 60Hz。有些国家和地区如巴西、日本等采用 50Hz 和 60Hz 两种频率。

在一定范围内提高频率，可提高自动化系统动作的速度，降低电气设备自动化元件的重量和尺寸。因此，船舶电力系统有采用中频或局部设备由中频发电机供电的可能。近年来，国外有些军舰已开始采用 400Hz 频率供电，我国船舶规范也推荐优先采用 400Hz 频率。

电源采用中频 400Hz 的优点如下。

（1）减少电气设备重量。因为转速 $n=60f/p$（p 为磁极对数），使发电机和拖动机械转速提高，如 $p=2$，$n=12000$r/min。而电机的电磁转矩 $M=975P/n$（P 为电磁功率），当功率恒定时，M 随 n 的升高而减小，电机绕组的导线因电流减小而其截面可以缩小，因而电动机的重量和体积可以减小。对于高速机械，因转矩小，其相应重量、体积也小。变压器、电抗器和电容器也因此而减小重量和尺寸。但由于集肤效应的影响，频率提高到 400Hz，电缆、配电装置和电器元件的重量和尺寸指标有些增加。总的来说，频率提高到 400Hz，则电气设备和电动机拖动机械的重量将减小到原来的 60%。

（2）用静止整流器对直流用电设备供电时，滤波要求低。

（3）因短路电流近似与短路电路电抗成反比，电抗随频率而增大，因此可限制短路电流，并改善装置安全工作条件。

（4）动态性能好。因为负载控制线路的时间常数 $T=X_k/(2\pi fR)$，其中 X_k 为负载控制线路电抗，R 为负载控制线路电阻。T 随 f 的提高而减小，使系统速度增大，起动与发电机功率可比拟的异步电动机所需要的时间缩短。电机的惯性常数 $W=CGD^2n^2$（C 为常数，GD^2 为转子的飞轮惯量，n 为转速），当功率不变时，由 50Hz 的转速 1500r/min 提高到 400Hz 的 12000r/min，将使发电机惯性常数增大 9 倍以上。

（5）电动机在高频轻载时 $\cos\varphi$ 高。

提高频率也会带来一些不利因素，如要求制造高速电机、电器、仪表和高速机械，交流阻抗增大，损耗增大。为了实现准同步并车，必须采用新型调速器和高速开关。中频电器、高速机械工作噪声较大，这是现代船舶所不希望的。

1.3　船舶电站简介

船舶电站由原动机、发电机和主配电装置组成，它是船舶电力系统的主要组成部分。

1.3.1　船舶电站的分类

船舶电站按原动机类型分为柴油发电机组、汽轮发电机组、燃气轮机发电机组、蒸汽发电机组、轴带发电机组、核能发电机组。蒸汽机由于其热效率低，已基本淘汰。在用蒸汽动力装置的船舶上，除了安装汽轮发电机组外，为了快速备航和提高生命力，也安装柴油发电机组。迄今为止，柴油发电机组用得最为普遍，这是因为其具有效率高、机动性强、起动快等优点。近年来，船舶在减员、自动化、节能等方面有较大发展。在船舶航行工况下，所需电能不超过主机功率的 10%，而主机有 10%～15% 的功率储备，因此用轴带发电机（尤其是渔船、小船）可节约大量燃油，提高经济性，但需另外配置辅助柴油发电机组以供停港和装卸货时使用。核能发电机组用原子反应堆作为能源使锅炉产生高温、高压蒸汽驱动汽轮机从而驱动发电机。这种发电机组可节约日趋短缺的石油等能源，并使燃料在船舶所占容积和重量大为降低，相对增加了船舶的吨位。

1.3.2　主配电装置的组成

主配电装置是船舶电力系统的中枢，其作用是控制和监视主发电机的工作，并将主发电机送出的电能向全船电网进行分配。主配电装置一般由四部分组成：控制屏、并车屏、负载屏和连接母线。

船舶交流主配电板单线图如图 1-4 所示。军用船舶主配电板应布置在船舶防护较好的地方，以减小受敌人炮火损坏的可能性。大型舰艇的主配电板放在装甲区域。轻型舰艇应尽量布置于中心，因为两舷受攻击机会较多。具有两个主配电板的船舶最好能相互远离并超过弹片的爆破半径。民用船舶一般安装于机舱控制室内。

1.　发电机控制屏

发电机控制屏包括发电机主开关（即万能式空气断路器）及其指示操作部分（指示发电机与母线接通状态、断开状态或储能状态的绿、红、黄指示灯和操作按钮等）、发电机的保护（发电机的短路、过载保护、逆功保护、分级卸载、欠压保护等）、发电机的励磁控制与调节、发电机频率手动调节及测量部分（包括转换开关、仪用互感器和测量仪表）。

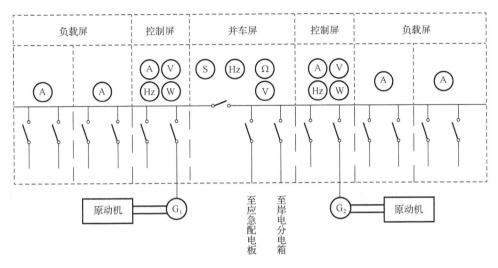

图 1-4 船舶交流主配电板单线图

2. 发电机并车屏

发电机并车屏包括分段母线的隔离开关、手动及自动并车时的检查和测量仪表、转换开关等。简单的并车屏常与发电机控制屏合二为一。

3. 发电机负载屏

发电机负载屏包括控制负载供电的自动开关（即万能式或装置式自动开关）及测量、报警装置，可分为动力负载屏和照明负载屏。

4. 连接母线

从连接母线（汇流排）的连接上能直接反映出全船的供电、配电情况。公共母线可为一整体，也可分两段，中间用隔离开关连接。采用分段母线的方式，发电机组可以并联供电，也可单独分区供电。

1.4 船舶电网简介

船舶电缆、导线和配电装置以一定的连接方式组成的整体称为船舶电力网络，简称船舶电网。发电机产生的电能通过船舶电网输送到船舶各部分的用电设备，因此船舶电网是连接电源和负载之间的桥梁。

对船舶电网的基本要求是生命力强，即要求电网在发生故障或局部破损时，仍能保证对负载的连续供电,并限制故障的影响在最小范围之内;此外,要求经济性好,安装、使用和维护方便、灵活。

1.4.1 船舶电网的线制

对直流电的船舶,常用配电方式主要有双线绝缘系统、负极接地双线系统和以船体作为负极回路的单线系统,如图 1-5 所示。对于交流单相的船舶,可采用双线绝缘系统或一线接地的双线系统。

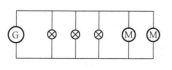 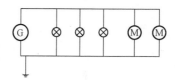 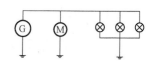

(a)双线绝缘系统   (b)负极接地双线系统   (c)以船体作为负极回路的单线系统

图 1-5 直流配电系统图

在单线制中,由于利用船体作为回路的回线而节约了大量电缆,简化了配电装置,从而降低了建造费用,但易造成漏电发生短路,甚至引起火灾,对人身安全有很大威胁,目前仅用于少数小船、渔船上。

对三相交流电的船舶,常用的配电方式主要有三线绝缘系统(三相三线系统)、中点接地的四线系统(三相四线系统)和利用船体作为中性线回路的三线系统(中点接地的三线系统),如图 1-6 所示。

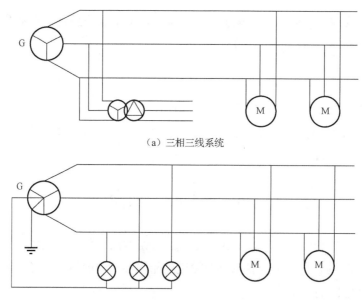

(a)三相三线系统

(b)三相四线系统

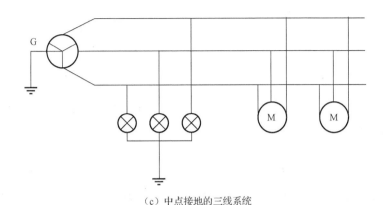

（c）中点接地的三线系统

图 1-6 交流电的配电系统

三相三线系统中，照明系统与动力系统经过变压器相联系，两系统间只有磁的联系而没有电气的直接联系，因而相互间影响小。电力系统既具有较好的电气防火安全性，也可以保证人体触及一相时的电气安全性。但带来两个主要问题：一是随着船舶向大型化、自动化发展，电缆线数量、长度及其截面增加，以及防无线电干扰电容的广泛应用，使船舶电力系统的对地电容大大增加，从而使电网相线和船体之间产生了电气联系，存在引起电火灾的电压并有可能危及人员安全，这就使防火及电气安全性大大降低（特别是对采用高电压和中频电源的船舶）；二是在中点绝缘系统中，在故障状态或合闸瞬间可产生 2～5 倍过电压的冲击，这是现代船舶上广泛使用半导体元件的计算机、集中控制台和测量仪表必须注意的问题。

三相四线系统的特点是，同一电源可供给电力和照明不同的电压，过电压倍数小，维护方便，不需要经常检查电网的绝缘电阻。但当单相接地时便形成短路。也有人认为，合理选择分段保护后，在短路点附近就能切除短路，并根据切断点可方便地查出短路点，这反而成了这种系统的优点。在中点接地的四线系统中，具有较大中线电流和三次谐波环流，这与三相负载的不对称度及两台并联机组的有功和无功负载分配的不均匀有关，因此要加接直流均压线并把不均匀度限制在 10% 以内。

目前大多数船舶使用三相三线系统，随着船舶大型化、自动化，将采用三相四线系统。

1.4.2 供电网络和配电网络

供电网络是指主发电机与主配电板之间、应急发电机与应急配电板之间、主配电板之间，以及主配电板与应急配电板之间的电气连接网络。

配电网络是指主配电板及应急配电板到用电设备的网络。当船上用电设备较多时，全部负载不可能由主配电板直接供电，而是将电能从主配电板经由分配电板或分配电箱再分到负载。为了分析方便，通常称主配电板与分配电板之间的网络为一次配电网络，而分配电板到各用电负载之间的网络为二次配电网络。

1. 供电网络

根据船舶种类的不同、负载的多寡及对船舶电站的不同供电要求，供电网络可分为单主电站供电网络及多主电站供电网络。前者多用于民用船舶，后者多用于军用舰艇及大型客船。

（1）单主电站供电网络。图 1-7 所示为万吨级货轮单主电站的典型供电网络。船舶电站总容量为 1000～1200kW，发电机 3～4 台。每台机组通过电缆、自动空气开关与主配电板母线相连接。发电机可以并联运行，同时向母线供电。这种运行方式不但简化了供电网络，提高了电站备用容量的备用程度，并且可减小由大用电负荷的急剧变化（如起动大电动机时）所引起的电网电压波动。

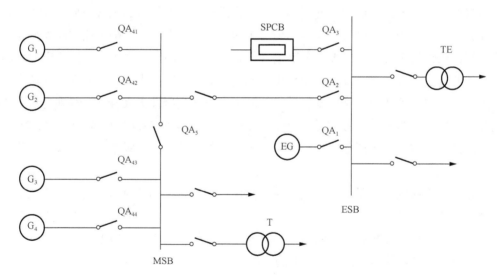

图 1-7　单主电站供电网络

G_1～G_4-主发电机；QA-自动开关；TE-应急系统变压器；SPCB-岸电箱（shore power connection box）

图 1-7 中主配电板母线采用分段连接方式，它比单母线式仅多一个或几个自动开关，但提高了供电的可靠性和灵活性，同时工作的发电机可以单独运行，也可以并联运行。当母线一段发生故障，可以断开分段开关，保证未发生故障的一段母线仍可正常供电；当某段馈线发生故障，由于迅速跳开分段开关而切断了另一段母线上供给的短路电流，从而相应减少了馈线上的短路电流。

在单主电站供电网络中，正常情况由主发电机供电给主配电板母线和应急配电板母线。在主发电机故障停止供电时，应急发电机可手动或自动起动投入工作，并通过联锁装置将主配电板和应急配电板的联络开关断开，这样，既可防止应急发电机向主配电板供电而过载，也可避免当主发电机恢复供电时出现两者同时向应急配电板供电而发生事故。

当船舶停靠码头时，还可将岸电接到船上的岸电箱，利用陆上电网供电，然后再送到主配电板。图 1-7 中自动开关 QA_1、QA_2、QA_3 和 QA_{41}～QA_{44} 之间必须有电气联锁。例如，当 QA_1 合闸时，其他自动开关都必须断开，以防止两种独立的电源发生不允许的并联运行而造成故障。

（2）多主电站供电网络。图 1-8 所示为某类型舰艇的多主电站供电网络。舰上有两个发电站，一个为汽轮机电站（艉电站），另一个为柴油机电站（艏电站）。每个电站各装有两个发电机组，同一电站发电机可长期并联运行。为了提高供电可靠性，采用跨接线将艏艉两电站的主配电板连接起来。非战斗时，全船负载经跨接线的自动开关（联络开关）接通，这时可由一个电站向全舰供电；在战斗时，跨接线上的开关断开，两电站独立工作，分区供电。对重要负载由两个电站供电，当一条供电线路断电时，可以在负载处由转换开关转接到另一电站的供电线路上去，提高了供电的可靠性。

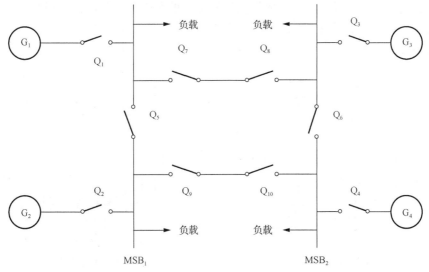

图 1-8　多主电站供电网络

Q_1～Q_{10} 为断路器

2. 配电网络

根据供电对象的不同，船舶配电网络可分为以下五种。

（1）动力电网。动力电网是指供电给电动机负载和 600W 以上的电热装置，以及 1kW 以上的探照灯的电网。其用电量占总负载的 70% 左右。它可由主配电板直接供电，也允许附近各种相同性质的辅机合并成组，由主配电板单独馈电的分配电箱或分配电板供电。

（2）正常照明电网。照明用电网通常连接到主配电板母线上的变压器副边，供电给各照明分配电箱，再由各照明分配电箱供电给照明灯具。机舱中的照明须交叉分布，并至少有两个独立供电线路，以保证在一路线路有故障时仍保持有 50% 的照明。外部照明线路应由驾驶室集中控制。

（3）应急电网。当正常电网失电时，能自动接通应急电网，供电给船上必须工作部分用电设备，如舵机、消防泵等特别重要辅机，以及应急照明、各种信号灯及通信助航设备。在正常工作情况下，应急电网可通过联络开关由主配电板供电。

（4）小应急电网。小应急电网的电源是 24V 的蓄电池，它主要供电给公共场所的小应急照明，如主机操作台、主配电板前后、锅炉仪表、应急出入口、艇甲板等处的最低限度照明及助航设备的用电。要求蓄电池的容量应足够两小时供电。

（5）弱电电网。弱电电网是指向全船无线电通信设备（如收发报机）、各种助航设备（如雷达、测向仪、测深仪）、船内通信设备（电话、广播）及信号报警系统供电的网络。这类用电设备的特点是耗电量不大，但对供电电源的电压、频率、稳压、稳频的性能有特殊的要求，因此，船上有时需要配置专门的发电机组或逆变装置向全船弱电设备供电。

配电电网的结线方式分为馈线式（图 1-9）、干线式（图 1-10）和在这两种结线方式基础上形成的混合式的结线方式。功率较大和较重要的负载和分配电板采用馈线式，较次要和功率较小的负载采用干线式。有两个电站时，常用环路干线式供电，如图 1-10（b）所示，两边供电保证负载得到较为可靠供电，但不易集中控制电气装置。

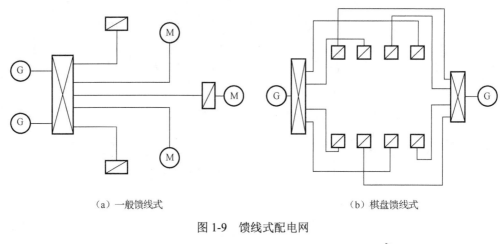

（a）一般馈线式　　　　　　　　　　　　　（b）棋盘馈线式

图 1-9　馈线式配电网

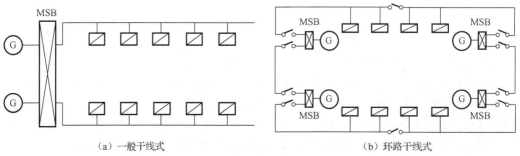

（a）一般干线式　　　　　　　　　　　　　（b）环路干线式

图 1-10　干线式配电网

1.4.3　配电系统图和电力系统图

1. 配电系统图

配电系统图用来表示各电源装置与各用电器之间的联系，也是供电网络的具体化。

2. 电力系统图

在了解了船体布置总图，以及机舱布置图和舱室布置图后，根据配电系统图绘制电力系统图、照明系统图和广播系统图等。

电力系统图分一次网络系统图和二次网络系统图。

一次网络系统图表示从电源、主配电板到各分配电箱（板）及从主配电板到由它直接供电的用电器间的联系。

二次网络系统图表示从分配电箱到各用电器间的联系。

1.5　配电装置简介

1.5.1　配电装置的功能与分类

1. 配电装置的功能

船舶配电装置是用来接收和分配电能的电气装置，包括开关电器、保护及自动化设备、测量仪表、调节和信号装置、连接母线等。其功能是对电力系统进行控制、保护、测量和调整等，具体功能如下。

（1）正常运行时接通和开断电路（手动或自动）。

（2）电力系统发生不正常运行时，保护装置动作，进行报警或切断故障电路。

（3）测量和显示运行中的各种参数，如电压、电流、功率、功率因数、绝缘电阻值等。

（4）调整某些电气参数或有关的其他参数，如电压、频率（发电机转速）等。

（5）信号指示正常和不正常工作状态。

2. 配电装置的分类

1）按用途分类

（1）总配电板（主配电板）。总配电板是用来控制和监视主发电机的工作，并将主发电机送出的电能向全船电网分配。

（2）应急配电板。应急配电板是用来控制和监视应急发电机的工作，并将应急发电机送出的电能向应急电网分配。

（3）充放电板。充放电板是用来控制和监视充电电源工作情况和蓄电池组的充电与放电，并将蓄电池组的电能向低压直流电网分配。

（4）岸电箱。船舶停靠码头或厂修时，船上发电机停止供电，将岸上电源线接到船上岸电箱，再由岸电箱送电到应急配电板或主配电板配电。

（5）分配电板（分配电箱）。分配电板是将主配电板送来的电能向成组用电设备配电。分配电板按用户性质的不同，又可分成电力、照明、无线电、助航通信分配电板和航行灯控制、电工试验板等。

2）按结构形式分类

（1）防护式。较大型配电板如总配电板、应急配电板等采用此种结构。

（2）防滴式。机舱和舵机舱中的电力分配电板采用此种结构。

（3）防水式。防水式适用于露天或潮湿处所安装，如岸电箱。它能经受 4～10m 水柱的集中水流，从任意方向喷射 15min 而不致有水进入。

1.5.2　配电装置结构设计和布置的要求

第一，配电装置的骨架和箱体应有足够强度，使用在振动和冲击下不发生有害变形。

第二，配电装置应在保证电气性能的前提下，具有最小的尺寸和重量。

第三，配电装置的电器布置应便于控制、观看、调整、检修和拆换，如应注意接触器、继电器触头的维护和熔断器的调换。

第四，主配电板应布置在防护较好的地点。大型舰艇的主配电板要放在装甲区域；轻型舰艇应尽量布置于中心；对于具有两个主配电板的大型船舶，要求配电板之间相互远离，其距离应超过弹片的爆破半径；民用船舶的主配电板一般安装于机舱控制室内。

第五，分配电板应安装在靠近其供电的负荷集中区域，以缩短线路，方便操作。要求尽可能安装于干燥、通风良好的舱室内，不应在有易爆、易燃气体或物体的空间如弹药舱、蓄电池室中安装。

1.6　船舶电力系统的可靠性及生命力概念

1.6.1　船舶电力系统的可靠性

1. 船舶电力系统可靠性概念

可靠性是指研究对象在规定条件下和规定的时间内完成规定功能的能力。所谓规定条件，是指研究对象所处的环境、运行条件和工作方式。环境又可分为气候、生化、机械和电磁等方面，如温度、湿度、震动、噪声等。运行条件是指对象的工作电压、电流、应力等。工作方式是指连续工作或断续工作，以及状态转换等。

可靠性分固有可靠性和使用可靠性两种。前者通过科学论证、合理设计及精选元器件和设备来确定。后者是对象在具体环境中运行、维护及人为因素影响下实际达到的可靠性。通常，使用可靠性低于固有可靠性，且随时间的推移而不断下降。所以，提高固有可靠性是保证对象的使用可靠性十分重要的前提条件。

可靠性用可靠度或故障率来衡量，均与概率有关。

可靠性的研究不能脱离具体研究对象，或者说不同的对象有不同的可靠性要求或衡量指标。如船舶系统的可靠性要求和船舶电力系统的可靠性要求是不同的。电力系统和电力系统中某一电气元件的可靠性要求也不同。我们可以这样描述船舶电力系统的可靠性：在其所处的特定条件下，在船舶的生命期内，能保证不间断供电且保证一定的电能质量的能力。对交流电力系统而言，供电质量是以稳定的电压和频率来表征的。

2. 保证可靠性的措施

为了保证船舶电力系统的可靠性，可以从以下几个方面考虑。

（1）组成系统的各元器件或设备应有足够的可靠性。

（2）系统设计时保证供电量、运行安全和维护方便。如发电设备留有供电裕量，发电机布置应使其轴线与船的艏艉线平行（因为船舶横向摇摆和倾斜较纵向要严重得多，这样设计可使发电机两个轴承受力比较均匀，延长了发电机工作期）。采取减震、防潮、抗电磁干扰等措施。

（3）制订系统的操作和维护规章制度，尽可能减少或避免人为失误。

（4）通过检测手段，在故障前兆时期及时报警，以避免故障发生。当发生局部故障时，采取积极的措施把故障限制在最小范围内。

（5）把大系统划分成多个不同功能的子系统，各个系统保持相对独立性。例如，可划分出控制系统、检测报警系统、通信系统和保护系统等，各系统的线路尽可能远离，采用各自独立电源供电。又如，供电系统可划分为动力设备子系统和照明电热装置子系统，两个子系统间实行电气隔离，因为照明系统的电网对地绝缘程度相对较低。

（6）有必要的后备保障。元件级有备品备件；设备级有备用设备，如备用发电机、备用舵机电动机等；系统级有备用系统，如有的自动控制系统可切换到应急手动操作，又如，船舶电力系统（称为主系统）有自己的后备系统，称为应急系统。

应急电力系统的作用是在主系统发生故障时替代主系统向重要负载供电。应急系统符合系统独立原则，它有自己的应急电源设备、应急配电板、应急电网及应急负载。应急电站一般设在上层甲板，远离主电站（通常设在机舱或机舱平台处）。

应急电力系统分两种：一种以柴油发电机组作为电源，叫大应急系统；一种以蓄电池组及其充电设备作为电源，称为临时应急系统或小应急系统。后者的供电时间较短，但主系统断电后几乎可以不间断地维持向重要设备供电。远洋船舶须配大小应急系统。内河船舶可只配小应急系统。当主系统正常工作时，主电站通过馈电线及应急配电板实现向重要负载的供电。特别重要的负载如舵机，还有由主配电板直接供电的馈电线路，即双路供电。通过电气联锁可以保证只有一种电源向电网供电。

在讨论可靠性时，还要考虑经济性。随着可靠性要求的提高，系统的投资和运行费用必然会增加；另外，使用可靠性随时间不断下降，系统维护和故障损失费用也会相应增加。因此，经济性和可靠性应兼顾。可靠性设计的一种提法，就是要在规定投资费用、重量、体积等条件下，最大限度地提高系统的可靠性，或者在满足规定的可靠度前提下，尽量降低费用、重量、体积及其他消耗。

1.6.2 船舶电力系统的生命力概念

军用船舶，除考虑可靠性外，还强调生命力。军用船舶电力系统的生命力是指其在战斗或事故中破损时仍能保证不间断供电的能力。因此，军用船舶电力系统在设计上与民用船舶有不同之处。

电站设计用多主电站方案。在电网设计方面，除馈线式（辐射式）、混合式（馈线式+干线式）外，还有环形和网形结线方式。分区供电方式反映了可靠性、生命力和经济性并重的思想，其附加优点是提高了工厂的生产率，不同型船舶之间具有元件级通用性，易于现代化。网形结线方式是在环形结线方式的基础上进一步复杂化，每个电站与每个负载中心之间都有独立的馈电线。

船舶生命力的内容包括：①不易被敌发现，即隐蔽性；②若被敌探测，遭敌攻击前，能截击敌武器，不易被击中，即抗击性；③若被击中，不易破坏，即残存性；④若被破坏，易于修理，即可修复性。

电力系统的生命力就是研究船舶在被预定武器击中后，电力系统最大限度发挥其功能的能力，即残存性和可修复性。

军用船舶作为海上的战斗工具，不仅应具有强大的攻击力量，而且应该具备良好的防御系统，不管受到何种方式及来自何方的攻击，都应该有能力使自己能有效地继续维持在战争中的使命。船舶的生命力是船舶防御力的一个重要方面，也是构成其战斗力的一个重要因素。

随着现代武器的飞速发展，舰载飞机、反舰导弹、激光炸弹、鱼雷、水雷等成了船舶所面临的主要攻击武器，使现代海战的特点为"立体性、突然性、杀伤性、快速性"。现代船舶的攻击力比以往大大提高了，作为"盾"的舰艇生命力必须也随着作为"矛"的舰艇攻击力而发展才行。

电力系统是船舶的一个重要子系统。随着科学技术的不断进步，船舶的电气化程度、自动化水平在不断提高，用电功率剧增，对供电质量、可靠性也提出了更高的要求。电力系统不仅是保证舰艇作战能力的重要因素，也是保证舰艇生命力和重要设备生命力的重要因素。因而，提高电力系统的生命力，从某种意义上说，就是提高整个舰艇和重要设备的生命力。

船舶生命力的研究起源于 1869 年，当时俄国海军上将马卡洛夫首先在这一领域展开了研究工作。1894 年他总结了自己的许多研究成果，在历史上第一次把"船舶生命力"定义为"生命力是船舶在战斗部门有破损时，保持继续战斗的能力"。

现阶段生命力学科大致分为两派：以俄罗斯为代表的东欧学派和以英国、美国为代表的西方学派。东欧学派对生命力的定义是"船舶抗战斗破损及事故破损的能力"，西方学派对生命力的定义是"船舶在战斗环境中生存和继续作为有效的战斗系统的能力"。

1982 年 5 月马岛战争中，英国"谢菲尔德"号是一艘具有 20 世纪 70 年代先进水平的驱逐舰，在遭到阿根廷三架超级军旗式飞机的偷袭后，被一枚射程为 50～70km 的飞鱼式导弹击中，导致完全丧失生命力，最后沉没。

"谢菲尔德"号的沉没原因之一是电力系统的生命力丧失。"谢菲尔德"号中弹后，右舷通道、厨房、前辅机舱至前主机舱引起大火，大火通过通风管和电缆扩大到其他区域。由于电缆的燃烧，中弹 30min 后消防总管失去了功能，无法灭火，电缆绝缘层的燃烧产生有毒气体也阻碍了灭火工作的进行，最后不得不弃舰。

"谢菲尔德"号事件使各国海军对船舶的生命力给予高度重视。此后，各国都投入大量的人力物力进行生命力的研究工作。西方从 1982 年后重新开始重视生命力的研究，明确提出了船舶电力系统生命力的概念。资料表明美国对生命力的研究已经进入了系统化、标准化的阶段。

20 世纪 50 年代初我国海军就开始了生命力方面的研究。20 世纪 80 年代以前基本上沿用苏联 50 年代关于船舶生命力方面的一些观点方法，直到 80 年代后才开始接触西方的一些设计思想。现在各有关部门正积极开展这方面的研究工作，从以往的传统抗沉性的研究拓展到对全舰各个子系统进行综合研究，把船舶生命力的定性分析提高到定量评估的阶段，这方面的工作已取得一些成果，但仍然处于探索提高的阶段。

第 2 章　船舶电站的参数选择

2.1　概　　述

　　船舶电站是电力系统的核心组成部分。船舶电站容量直接影响船舶生命力和船舶运行的经济指标，因此，掌握船舶电站容量计算的基本方法，对于船舶设计人员和船舶运行管理人员十分重要。它可以使机舱管理人员深入地了解船舶电站的构成原理，从而能够根据不同的运行工况，相应地改变电力系统的运行方式，充分发挥电站的功能，使电力系统安全、可靠、经济、优质地供电。此外，在建造船舶和接管船舶的过程中，能对船舶进行有理论依据的校验和评价。

　　在进行船舶设计时，船体的形式和尺寸，以及推进系统都可由模型试验决定，但船舶电站容量的选择迄今尚无类似办法，只能根据统计规律，采用近似的估算方法来解决。

　　为了确定船舶电站容量即发电机的功率和数量，首先要知道全船电力负荷所需的总功率。这个总功率是通过船舶在各种运行工况下的电力负荷计算来确定的。根据计算所得总功率再考虑其他因素，如电网损耗、同时系数等，最后确定发电机组的功率和数量。

　　船舶电力负荷由船舶上各种用电设备构成。在船舶运行工况不断变化的条件下，各种用电负荷在运行功率、起动次数或工作持续时间上都带有随机的性质。这些变化因素反映在供电发电机上，就使船舶发电机的负荷功率成为一个随机变量。精确计算全船电力负荷是一项十分困难的工作，通常只能根据电力负荷某些方面的特点，进行符合工程要求的近似估算。

　　电力负荷有多种计算方法，可以根据实船负荷情况作记录和统计，也可用昼夜航行图表法、概率论法或负荷系数法计算。概率论法对设计同类型船舶适用。昼夜航行图表法适用于小船或电力辅机不多的船舶。目前用得最多的是负荷系数法，这种方法最简单，结果较准确、直观且便于检查，适合于实际工程应用。计算机仿真计算是近年来出现的负荷计算方法，计算机仿真模型就是利用电子计算机对船舶电力系统的负荷结构和行为进行随机模仿，从而得出船舶电力负荷的统计功率，这种方法具有较高的运算速度和逻辑判断能力，因此比其他方法具有更高的计算速度。此外，用算式计算船舶电力负荷的方法在许多国家和船厂颇为流行，这种方法简单清楚，适用于方案探讨时估算全船电力负荷。对于执行特殊任务的船舶，其运行的某一工况或某一项设备（如卸货状态的起货机）的电力需要非常突出，因而，发电机的功率配备实际上取决于这一工况或这项设备所需的用电量，我们可以以此工况或设备为基础计算船舶电力负荷。几种计算方法得到的电力负荷功率各有差异，但与现有实船测量结果相比较，都处在可以置信的范围之内。其中算式计算法结果通常偏大，因为简便的计算方法希望留有较大的余量。

负荷系数法往往列成表格进行，故又称负荷表格法。负荷系数法又分为需要系数法和三类负荷法，它们的基本原理相同，只是后者把负荷分成偶然短时使用、重复短时使用和长期使用三类，考虑得更为细致和合理。本章主要介绍三类负荷法。

我们将全船用电设备的数量、负荷及使用情况分别进行计算并汇总成表，称为电力负荷计算书。计算船舶负荷需要的供电量后，就可以查对产品目录，根据发电机组标准和配套情况，选用发电机功率和数量。

2.2　三类负荷法

三类负荷法是基于电力负荷分类模型的一种电力负荷计算方法。它考虑了船舶电力负荷的特点，将影响负荷变化的因素分别用各自的系数来表达，从而提高了计算精度。

由于船上各种用电设备的工作情况与船舶的运行工况有关，因此，无论用何种方法计算电力负荷，都是按船舶不同工况分别进行的。

2.2.1　船舶运行状态及用电设备的分类

研究船舶各种典型运行状态的目的，是要找出船舶的最大用电量、最小用电量和经常用电量，从而找出用电规律。

1. 船舶运行状态

船舶整个运行周期大体可以分成几个典型工况，对不同类型、不同用途的船舶，运行状态可能各不相同，在负荷表中应包括哪几个运行状态，应根据实际情况来确定，但一定要把可能出现的最大负荷状态和最小负荷状态包括进去，这是确定电站总功率和最小一台发电机功率所必需的。

1）民用船舶的运行状态

（1）航行状态，即满载全速的航行状态。

（2）进出港状态，即港内低速航行或机动状态。

（3）离靠码头状态，包括起锚到主机起动为止的整个备航阶段。

（4）停泊状态，即无装卸货的停泊状态。

（5）装卸货状态，即货轮装卸货或油轮装卸油状态。

（6）应急状态，即考虑船舶发生火灾或船壳穿漏时的状态。

（7）应急发电机工作状态，即在海损情况下，主电站失效，为保证必要的救生、通信、照明用电的应急发电机工作状态。

2）水面舰艇的运行状态

（1）停泊状态，即舰艇停泊或靠岸的状态，包括停泊日常训练所需用电。

（2）起锚防空状态，包括起锚完毕到主机起动的整个备航状态，同时要进行防空，使用对空武器。

（3）经济航行状态，即以经济航速在海区正常航行的状态。

（4）备战经济航行状态，即编队经济航行并处于备战状态。

（5）战斗状态，即保证战斗活动的所有电气设备投入工作的状态。

2. 用电设备分类

1）按用途和系统分类

船舶在按所划分的工况进行计算时，为方便起见，通常将全船用电设备按用途和系统分类（小型船舶用电设备较少，可以少分类或不分类），一般可以分成以下几类。

（1）机舱辅机，包括为主机、锅炉服务的辅机，以及全船性服务的辅机，如滑油泵、海水泵、淡水泵、冷却泵、燃油输送泵、鼓风机、空气压缩机、消防泵、压载泵、舱底泵等。

（2）甲板机械，包括舵机、起货机、锚机、绞盘机和舷梯起吊机等。

（3）冷藏通风，包括冷藏货舱、伙食冷库的空调装置和通风机等。

（4）机修机械，包括车床、钻床、刨床、电焊机及机舱起重行车等。

（5）照明及生活设备，包括照明、航行信号灯、强光灯、电热装置、电灶、空调等。

（6）弱电设备，包括观察、通信和导航设备。

（7）其他特种船需要的设备和电力推进等，如军舰上的武器装备，包括火炮、鱼雷、火箭、水雷、导弹等的操纵机械、发射机械、计算机指挥仪及消磁装置等。

2）按负荷分类

用电设备作为电站负荷，根据使用特点可分为以下三类。

（1）第一类负荷，指船舶在某一运行状态下连续使用的负荷。例如，航行状态下的主机冷却水泵、主机燃油供给泵，离靠码头状态下的锚机，装卸货状态下的起货机等。

（2）第二类负荷，指在某一运行状态下，短时或重复短时使用的负荷。例如，航行状态时的燃油输送泵、滑油输送泵、卫生水泵和空调压缩机等。

（3）第三类负荷，指船舶在某一运行状态下偶然短时使用的负荷，以及按操作规程可以避开电站尖峰负荷时间使用的负荷。例如，离靠码头状态下的电动舷梯起吊机，航行状态下的机修机械等。

三类负荷的分法与船舶运行工况有关。在航行工况中连续使用的负荷属于第一类负荷，使用若干小时后停止使用，再使用若干小时的负荷则算作第二类负荷。在离靠码头工况中，若锚机的工作时间较短（30min 左右），但在此过程中锚机一直在使用，因此锚机亦可算作第一类负荷。表 2-1 以万吨柴油机远洋货轮的电力负荷为例，说明了三类负荷的具体分法。

表 2-1　万吨柴油机远洋货轮的用电设备分类

第一类负荷	第二类负荷	第三类负荷
舵机	燃油离心分油器	主机盘车机
起货机	轻柴油离心分油器	机舱起吊机
锚机	滑油离心分油器	车床
绞盘	燃料油驳运泵	砂轮
主机淡水泵	轻柴油输送泵	钻床
主机海水泵	舱底泵	电焊机
主机滑油使用泵	压载泵	救生艇吊艇机
主机喷油嘴冷却泵	日用淡水泵	舷梯起吊机
排气涡轮滑油泵	卫生水泵	探照灯
主机燃料油循环泵	饮水泵	
透平发电机凝水泵	滑油输送泵	
锅炉燃油泵	热水循环泵	
锅炉给水泵	蒸发器凝水泵	
锅炉鼓风机	蒸发器给水泵	
救火总用泵	主空气压缩机	
救火泵	油灶鼓风机	
货油泵	空调压缩机	
冷藏货舱压缩机	空调淡水泵	
冷却泵	伙食冷库压缩机	
盐水接力泵	电动锅炉给水泵	
货舱通风机	电动锅炉强制循环泵	
机舱通风机	充电机组	
CO_2 室抽风机	雷达	
冷藏机舱送风、抽风泵	空调送风机	
厨房送风、抽风机		
浴室、厕所抽风机		
照明设备		
助航、通信用变流机		

2.2.2 负荷表的编制与计算

一个正确的判断来源于周密的调查研究和细致的分析。编制负荷表是调查和确定每一个负荷具体使用情况，包括实际负荷程度、同组负荷的同时使用情况和全船同类负荷的同时使用情况，并由此计算出每一运行状态下电站的总负荷的过程。

1. 确定各项负荷的已知条件和数据

已知条件和数据包括以下几个方面。
（1）负荷名称、用途、类别。
（2）同种类负荷的数量 m。
（3）负荷的额定数据，即机械轴上最大功率 P_{JN}（机械轴上额定功率）。
（4）机械轴所配电动机额定功率 P_{MN}、额定转速 n_N、额定功率因数 $\cos\varphi_N$、额定效率 η_N。此项由电力拖动设计或定型配套产品目录中给出，或根据给出的机械轴上最大功率 P_{JN}、额定电压和额定转速，从产品目录中选取相应电动机。
（5）电动机利用系数：

$$K_1 = \frac{P_{JN}}{P_{MN}} \tag{2-1}$$

为了保证起动力矩和短时发出最大力矩，电动机的额定功率往往选得较大，这样，电动机未能充分利用，而它长期需要电网供给的最大功率也小于额定需要功率，这里用电动机利用系数 K_1 来反映。
（6）用电设备需要电网供给的最大功率：

$$P_{Sh} = \frac{K_1 P_{MN}}{\eta} \tag{2-2}$$

式中，η ——实际效率。当异步电动机负载在 60%～100% 范围变化时，其效率变化不大，故可按额定效率 η_N 计算。

一组用电设备在机械满负荷且同时使用时，需要电网供给的最大功率为

$$P_{Shz} = P_{Sh} \cdot m \tag{2-3}$$

（7）机械负荷系数：

$$K_2 = \frac{P_J}{P_{JN}} \tag{2-4}$$

式中，P_J ——某运行状态下机械轴上实际需要功率。

机械负荷系数 K_2 反映的是某一运行状态时机械并不一定满负荷的程度。

（8）同时使用系数：

$$K_0 = \frac{n}{m} \tag{2-5}$$

式中，n——该组同时工作的用电设备数目；

　　　m——该组用电设备总数。

同时使用系数 K_0 反映某一运行状态下，同类机械同时使用的程度。

K_0 和 K_2 可由实际调查得出，也可参考表 2-2 和表 2-3 提供的数据。

（9）电动机负荷系数：

$$K_3 = K_1 \cdot K_2 = \frac{P_{JN}}{P_{MN}} \cdot \frac{P_J}{P_{JN}} = \frac{P_J}{P_{MN}} \tag{2-6}$$

这样，同组用电设备所需有功功率可由下式求得：

$$P_0 = \frac{mK_1K_2K_0P_{MN}}{\eta} = \frac{mK_3K_0P_{MN}}{\eta} \tag{2-7}$$

所需无功功率为

$$Q_0 = P_0 \tan\varphi \tag{2-8}$$

式中，φ——用电设备实际功率因数角，由实际负荷的 $\cos\varphi$ 求得。$\cos\varphi$ 可根据电机的 P_{MN}、n_N 和负荷程度由表 2-4 查得。

表 2-2　机械负荷系数 K_2 的变化范围

用电设备	负荷系数	附注	用电设备	负荷系数	附注
主机冷却泵（淡水、海水）	0.6~0.9		主机循环泵	0.7~0.9	
主机滑油循环泵	0.65~0.9		主凝水泵	0.65~0.75	
排气涡轮滑油泵	0.7~1.0		燃油泵	0.75~0.85	
喷油嘴冷却泵	0.7~1.0		主机滑油循环泵	0.6~0.9	
辅锅炉给水泵	0.85~1.0		货船给水泵	0.65~0.7	
辅锅炉燃油泵	0.65~0.9	柴油机船	油船给水泵	0.75~0.8	汽轮机船
辅锅炉鼓风机	0.6~0.85		自动燃烧装置	0.8~0.9	
主空气压缩机	0.75~1.0		总用空气压缩机	0.8~0.9	
燃油离心分油器	0.65~1.0		总用泵	0.65~0.75	
滑油离心分油器	0.65~1.0		舱底压载泵	0.8~1.0	
轻柴油输送泵	0.65~1.0		舱底泵	0.75~1.0	
重柴油输送泵	0.7~1.0		救火泵	0.75~1.0	

续表

用电设备	负荷系数	附注	用电设备	负荷系数	附注
燃油驳运泵	0.75～1.0		消磁装置	1.0	
滑油驳运泵	0.65～1.0		变流机	0.35～0.8	
淡水泵	0.6～1.0		充电机	0.4～1.0	
卫生水泵	0.8～1.0		锚机	0.6～0.9	
热水循环泵	0.8～1.0		舵机	0.2～1.0	
主机盘车机	0.8～1.0		起货机	0.3～0.65	
货油泵	0.6～0.85		绞盘	0.3～0.8	
机修设备	0.5～0.7		绞车	0.3～0.8	
机舱通风机	0.6～1.0		无线电	0.8～1.0	
泵舱通风机	0.7～0.9		探照灯	0.8～1.0	
货舱通风机	0.6～0.8		工作灯	0.8～1.0	
电热装置（包括电灶）	0.5～0.9		照明	0.6～1.0	

表 2-3 第二类负荷同时使用系数 K_0

名称	航行	进出港	离靠码头	停泊	海上停泊	应急
轻柴油驳运泵	0.3	0.3	0.2		0.2	
重柴油驳运泵	0.3	0.3	0.2		0.2	
滑油驳运泵	0.2	0.2	0.2		0.2	
滑油离心分油器	0.3	0.3			0.3	
燃油离心分油器	0.3	0.3			0.3	
主空气压缩机		0.4	0.4			
辅锅炉给水泵	0.3	0.3	0.3	0.3	0.3	
蒸发器给水泵	0.3	0.3			0.3	
舱底泵			0.5			0.3
舱底压载泵			0.5			0.3
污水泵	0.2			0.2		
卫生水泵	0.5			0.5	0.5	
淡水泵	0.5			0.5	0.5	
热水循环泵	0.5			0.6	0.5	
冷藏机	0.3	0.2	0.2	0.3	0.2	
空调冷却水泵	0.3	0.2	0.2	0.3	0.2	
厨房用电	0.4	0.4	0.4	0.4	0.4	0.2
回转起货机（起货）				0.5	0.5	

续表

名称	航行	进出港	离靠码头	停泊	海上停泊	应急
回转起货机（变幅）				0.3	0.3	
回转起货机（回转）				0.3	0.3	
绞车				0.4	0.4	

表 2-4　异步电动机的功率因数

转速/（r/min）	功率/kW	不同负荷程度对应的功率因数								
		0.3	0.4	0.5	0.6	0.7	0.8	0.9	1.0	1.1
3000	1.5	0.73	0.76	0.79	0.81	0.85	0.86	0.87	0.87	0.87
	4	0.67	0.72	0.78	0.82	0.84	0.86	0.88	0.89	0.90
	10	0.76	0.80	0.82	0.84	0.85	0.86	0.87	0.88	0.88
	13	0.77	0.82	0.85	0.86	0.87	0.87	0.89	0.89	0.89
	17	0.77	0.79	0.81	0.81	0.87	0.89	0.90	0.91	0.91
	22	0.79	0.82	0.84	0.87	0.89	0.90	0.91	0.91	0.91
	55	0.83	0.91	0.93	0.93	0.94	0.94	0.94	0.94	0.94
	100	0.80	0.84	0.88	0.90	0.91	0.93	0.93	0.93	0.93
1500	1.5	0.48	0.55	0.61	0.67	0.72	0.74	0.77	0.73	0.80
	2.2	0.53	0.61	0.66	0.72	0.77	0.81	0.83	0.84	0.84
	3	0.55	0.62	0.69	0.75	0.78	0.81	0.84	0.86	0.87
	5.5	0.65	0.72	0.76	0.78	0.82	0.84	0.85	0.87	0.87
	7.5	0.68	0.75	0.80	0.83	0.84	0.85	0.85	0.85	0.85
	55	0.85	0.87	0.89	0.90	0.90	0.90	0.90	0.90	0.90
	100	0.82	0.85	0.88	0.89	0.91	0.92	0.92	0.92	0.92
1000	5.5	0.50	0.60	0.66	0.71	0.76	0.78	0.80	0.81	0.82
	7.5	0.58	0.64	0.70	0.75	0.78	0.80	0.82	0.83	0.83
	10		0.72	0.77	0.82	0.85	0.87	0.89	0.90	0.91
	13		0.76	0.79	0.83	0.85	0.88	0.90	0.91	0.91
	17	0.70	0.80	0.84	0.87	0.88	0.89	0.90	0.90	0.90
	55	0.83	0.87	0.89	0.90	0.91	0.91	0.92	0.92	0.92
750	5.5	0.50	0.54	0.60	0.64	0.68	0.72	0.75	0.76	0.76
	7.5	0.56	0.67	0.71	0.75	0.79	0.82	0.84	0.85	0.86
	10		0.55	0.62	0.68	0.72	0.75	0.78	0.80	0.80
	17	0.54	0.63	0.68	0.74	0.78	0.80	0.84	0.85	0.86
	40	0.70	0.76	0.81	0.84	0.86	0.87	0.87	0.87	0.87

一般船舶在航行等主要运行状态时，总的功率因数不低于 0.7，因此在进行电站容量的选择时，无功影响不大，为简化计算，亦可不计无功功率。

在计算完各组用电设备所需有功功率和无功功率后，便可确定各运行状态下发电机应供给用电设备的总功率。此时应考虑各组用电设备之间的总同时使用系数 $K_{0\mathrm{I}}$（第一类负荷）和 $K_{0\mathrm{II}}$（第二类负荷）。这是因为不可能所有用电设备在某运行状态下自始至终地工作。例如，滑油分离机随着润滑油的脏污程度每隔 5～6h 工作一次，工作时间为 0.5～2h；舰艇上的火炮也是间断发射的。

某状态总同时使用系数为该类负荷同时使用的总功率与该负荷总功率之比。

通常，$K_{0\mathrm{I}}$ 在 0.8～1.0 范围内，$K_{0\mathrm{II}}$ 在 0.3～1.0 范围内，具体选定可考虑以下两条原则。

第一，在大的船舶上，由于负载数量多，同时工作的可能性小些，因此同时工作系数比负载少的船舶可取小些。

第二，船舶活动越紧张，同时工作系数就取得越大，因为设备的同时工作可能性越大。例如，船舶在战斗状态时 $K_{0\mathrm{I}}$ 取 0.8，停泊时取 0.65。

在发电机供给的总功率中，尚需计入 5% 的电网损耗。因此，某状态需要发电机供给的总功率如下。

总有功功率：

$$P_{\Sigma} = (K_{0\mathrm{I}} P_{\mathrm{I}} + K_{0\mathrm{II}} P_{\mathrm{II}}) \times 1.05 \qquad (2\text{-}9)$$

总无功功率：

$$Q_{\Sigma} = (K_{0\mathrm{I}} Q_{\mathrm{I}} + K_{0\mathrm{II}} Q_{\mathrm{II}}) \times 1.05 \qquad (2\text{-}10)$$

式中，P_{I}、P_{II}——该状态下第一、二类负荷总有功功率；

Q_{I}、Q_{II}——该状态下第一、二类负荷总无功功率。

在该状态下负荷的加权平均功率因数 $\cos\varphi_{\mathrm{B}}$ 可用以下公式求得：

$$\tan\varphi_{\mathrm{B}} = \frac{Q_{\Sigma}}{P_{\Sigma}} \qquad (2\text{-}11)$$

$$\cos\varphi_{\mathrm{B}} = \cos\tan^{-1}\frac{Q_{\Sigma}}{P_{\Sigma}} \qquad (2\text{-}12)$$

在该状态下可能短时需要的最大负荷为

$$P_{\max} = P_{\Sigma} + P_{\mathrm{III}} \qquad (2\text{-}13)$$

式中，P_{III}——该状态下第三类负荷的总有功功率。

2. 负荷表的编制过程

（1）向轮机部门收集全船用电设备原始资料，包括 P_J、P_{JN}、P_{MN}、m 和 n_N，并据此从产品目录中找出 P_{MN}、η 和 $\cos\varphi$ 等数据。

（2）确定运行状态，并将全部用电设备分类连同已知数据填入表中。

（3）确定系数 K_1、K_2 和 K_0，并计算各组负荷所需功率。

（4）计算每一状态下各类负荷所需总功率。

（5）根据总同时使用系数 K_{0I}、K_{0II} 并计及电网损耗 5%，确定各状态所需的电站功率。

（6）根据上述计算结果，查对产品目录，选择发电机功率和数量，并核对各状态下发电机负荷百分比（一般要求发电机有 10%～20% 的储备功率供以后进一步电气化时使用），最后用可能短时需要最大负荷 $P_{\max}$ 校验发电机过载能力是否满足。

3. 选择发电机的要求

选择发电机应考虑以下要求。

（1）必须保证各种运行状态下最大用电量并都有备用机组，备用机组容量应不小于运行机组中最大一台机组的容量。主发电机一旦故障，能立即投入供电。

（2）每台机组运行负荷率为 80% 左右。

（3）发电机的类型和功率应尽可能一致，以减少备品和增强发电机组之间的互换性，并联运行也较方便。

（4）船舶在停泊状态的用电量小于最小一台发电机的 50% 时，可安装停泊发电机。

（5）发电机台数应尽量少，以使维护简单、管理方便，但也不能太少，太少使发电机长期轻载运行，这样不经济。一般选用 2～4 台。

（6）应急状态应单独选应急发电机，不设备用机。

（7）对于舰艇，为了提高其生命力，应增加发电机台数和电站数，如大型舰艇为 3～4 个电站，中小型舰艇（如护卫舰、驱逐舰）不少于 2 个，小艇 1 个。当一艘舰艇上有两个电站时，每个电站要安装两台发电机，实施分区供电以提高供电的生命力。

在知道发电机的单机容量后，可按配套产品目录选出原动机，其容量应计及发电机的效率和过载能力。

2.2.3　三类负荷法实例

完成三类负荷表计算，正确选择发电机功率和台数，要求考虑 5% 的电网损耗，每台机组的运行负荷率超过 65%。已知条件见表 2-5。

表 2-5　三类负荷表 1

运行状态	P/kW	运行发电机 台数及功率	负荷率/%	备用发电机 台数及功率
航行	327			
起锚	395			
停泊	145			
装卸货	415			

解：考虑电网损失 5%，计算实际消耗功率。

航行状态下的消耗功率为 327×1.05=343（kW）。

起锚状态下的消耗功率为 395×1.05=415（kW）。

停泊状态下的消耗功率为 145×1.05=152（kW）。

装卸货状态下的消耗功率为 415×1.05=436（kW）。

船舶电站选用四台 200kW 的发电机，在装卸货状态、起锚两种状态选择三台 200kW 的发电机，备用一台 200kW 的发电机；在航行状态选择两台 200kW 的发电机，备用两台 200kW 的发电机；在停泊状态选择一台 200kW 的发电机，备用三台 200kW 的发电机。

计算负荷率：航行状态 343/400=86%，起锚状态 415/600=69%，停泊状态 152/200=76%，装卸货状态 436/600=73%，满足负荷率要求。

完成三类负荷表计算，列出计算结果，见表 2-6。

表 2-6　三类负荷表 2

运行状态	P/kW	运行发电机 台数及功率/kW	负荷率/%	备用发电机 台数及功率/kW
航行	327	2×200	86	2×200
起锚	395	3×200	69	1×200
停泊	145	1×200	76	3×200
装卸货	415	3×200	73	1×200

2.3　需要系数法

需要系数是用电设备实际所需要的功率与额定负载时所需要的功率的比值，用公式表示为

$$K_C = \frac{P_{Sb}}{P_{SN}} \tag{2-14}$$

式中，P_{Sb}——用电设备实际所需功率；

　　P_{SN}——用电设备额定功率。

　　需要系数的大小要综合考虑用电设备的负荷状态、工作制（连续、短时、重复短时工作）和该类设备的同时工作概率等方面的因素。一般是根据实际经验统计后取平均值。表 2-7 列出了一些用电设备的需要系数。

表 2-7　需要系数值（K_C）

类别	负荷名称	需要系数	类别	负荷名称	需要系数
柴油机船用辅机	淡水冷却泵	0.85	生活用泵和设备	蒸馏器淡水输送泵	0.6
	海水冷却泵	0.85		厨房和餐室设备	0.3
	滑油泵	0.65		洗衣设备	0.2
	燃油阀冷却水泵	0.85		电热装置	0.5
	燃油阀冷却油泵	0.70		房舱电热装置	0.4
	燃油离心分油器	0.65		热水循环泵	0.7
	增压泵	0.65		汽水循环泵	0.7
	辅锅炉给水泵	0.85		卫生水泵	0.4
	辅锅炉燃油喷射泵	0.65		淡水泵	0.4
	辅锅炉鼓风机	0.85		污水泵	0.2
	废气锅炉循环水泵	0.85		饮水泵	0.3
	空气压缩机	0.85		蒸馏器海水给水泵	0.75
	发电机用冷却水泵	0.85		蒸馏器凝水泵	0.6
冷藏通风	机舱通风机	0.85		蒸馏器化学给水泵	0.2
	房舱通风机	0.8		盐水排除泵	0.75
	货舱通风机	0.6~0.8		管群疏水泵	0.6
	货舱干燥装置	0.5	照明设备	机舱照明	0.9
	泵舱通风机	0.8		房舱照明	0.6
	全船用冷藏压缩机	0.4		货舱灯	0.8
	全船用冷藏循环泵	0.4		探照灯	0.8
	货舱用压缩机	0.6		航行灯	1.0
	空调用压缩机	0.75		电风扇	0.8
	空调冷水泵	0.75	船舶辅机	救火总用泵	0.65
	空调热水泵	0.75		舱底压载泵	0.2
	空调凝水循环泵	0.75		潜水舱底泵	0.1
	空调送风机	0.75		压载泵	0.2

续表

类别	负荷名称	需要系数	类别	负荷名称	需要系数
船舶辅机	真空泵	0.1	弱电设备	船内通信	0.4
	洗舱泵	0.85		航海仪器	0.4
	扫舱泵	0.15～0.25		电罗经	0.4
甲板机械	舵机	0.2		雷达	0.4
	起锚机	0.4		无线电设备	0.45
	起艇机	0.8		蓄电池充电	0.2
	舷梯绞车	0.8		电工试验板	0.2
	绞盘、系泊绞车	0.4	工具机	机床	0.1

2.3.1 计算方法

需要系数的计算方法如下：

（1）计算各类负荷的额定所需功率 P_{SN}、照明设备和弱电设备的额定所需功率，即采用其安装总功率。

（2）查表选择各类负荷的需要系数 K_C。

（3）起货机负荷的需要系数随起货机电气控制方式和台数而不同，可根据起货机负荷曲线确定。

（4）将各类负荷的额定所需功率乘以需要系数后加总，便得到全船所需总功率 P，即

$$P = \sum P_{SN} K_C \qquad (2\text{-}15)$$

2.3.2 计算步骤

需要系数的计算分步进行。

（1）计算各电动机和其他电气设备的额定所需功率。

（2）选择计算工况，并确定各工况下所需使用的电气设备。

（3）估计各辅机和各电气设备实际使用功率，了解使用情况并确定需要系数。

（4）计算各电气设备的所需功率，并计算总功率。

（5）考虑 5%的电网损失，计算所需总功率。

（6）选择发电机组，计算各工况下发电机的负荷百分比。一般发电机组应有 10%～20%的功率余量，因此发电机负荷度在 80%～90%范围内。

2.4　船舶电源设备的选型

船舶电站的基本参数、发电机组数量和台数确定后，可以进行发电机及其调压设备的选型、原动机及其调速设备的选型。为了保证电站可靠运行，应根据船舶的特点和推进动力装置的类型合理选择发电机组，选用性能优良的发电机组和控制设备。船舶的发电机组应具有较强的过载能力、较高的工作可靠性和良好的机动操作性能。船舶用发电机组应满足以下要求：①发电机组应具有独立工作的能力；②机组应配套供应；③船用发电机组应选优质材料制造，外壳不能采用易碎的灰铸铁；④功率较大或安装环境条件差的发电机组应装有防止潮气侵入的加热器，保证内部温度高于周围环境温度 3～5℃；⑤发电机组应有较高的运行效率。

2.4.1　发电机的选型

发电机选型应注意发电机的绝缘材料、冷却方式、轴承形式及励磁方式等问题。

1. 绝缘材料

电机的损坏通常是绕组的损坏，而其中定子绕组损坏又几乎占 80%。绕组损坏的主要形式是绝缘破坏。因此，选用优质的电机绝缘材料是提高电机可靠性的有效措施。船用发动机较理想的绝缘是 F 级或不含有机硅树脂的 H 级材料。

2. 冷却方式

发电机的冷却有自通风和强制通风两种方式。近年来，对发电机可靠性要求越来越高，发电机组采用封闭自冷却日益增多。若舱室条件许可，较小的发电机组也可考虑采用封闭自冷却。

3. 轴承形式

船用发电机可采用双轴承支撑，亦可采用单轴承支撑。当总体布置对机组长度无严格限制时，应采用双轴承电机。双轴承发电机组无论发电机还是原动机都是独立的部分，机组装配方便，应用较多。单轴承支撑的发电机，其转子的另一端由与其连接的原动机轴承支撑。单轴承支撑的发电机的外形可缩短一个轴承的长度，但机组装配和维修比较困难。

发电机的轴承有滚动和滑动两种形式。滑动轴承一般用在功率较大或要求低噪声的船舶发电机上（如潜艇主电机），其他大多数场合应推广采用滚动轴承。船用电机应选择优质轴承，滚动轴承至少应有 10000h 的寿命，以减少船舶电机更换轴承的次数。

4. 励磁方式

直流发电机的励磁均采用复励式，电压调整器也比较简单，这里不再讨论。

交流发电机的励磁发展很快，励磁设备的种类也很多，目前船舶上应用的励磁方式主要有不可控相复励（不带电压校正器）、可控相复励（带电压校正器）、晶闸管整流励磁、三次谐波励磁、基波加三次谐波励磁和无刷励磁等方式。

不同的励磁方式各有特点。如可控相复励方式带有电压校正器，可提高调压精度，但却增加了线路的复杂性；晶闸管整流励磁方式结构精巧，调节性能好，但却需较复杂的线路才能达到较高的精度，此外，这种励磁方式易使发电机电压波形畸变，增强了干扰；无刷励磁方式取消了滑环和电刷，但仍需解决交流励磁机的励磁问题。选用发电机励磁设备应满足以下基本要求：①励磁调节系统应有良好的静态和动态性能。在发电机所有运行工况下，都应稳定工作。当发电机负荷、电压等参数发生变化时，能迅速做出反应，满足电压的静态和动态精度。②励磁设备应能保证发电机初始电压的建立。③结构简单，少用电刷，便于维修保养；尺寸小，重量轻，价格低廉。④励磁装置中的半导体元件应有过电压保护措施。⑤励磁装置不应对其他设备产生干扰，并有一定抗干扰能力。⑥励磁系统应保证发电机组并联运行的稳定性。

2.4.2 原动机的选型

船用发电原动机应满足以下要求：①工作可靠，寿命长，第一次大修前的运行时间至少应为 10000h；②具有优良的遥控和自动化性能；③尽可能低的燃油消耗率；④体积小，重量轻；⑤良好的变负荷工作性能，低负荷运行，不产生积碳现象；⑥操作简单，起动方便；⑦良好的自保护功能；⑧工作噪声低，必要时机器本身应附有消音措施。

发电机的原动机可为柴油机、汽轮机和燃气轮机。发电机的原动机应具有优良的性能指标，包括较低的油耗、较高的效率，并能和主动力装置协调一致。发电机的单机容量确定后，可按配套产品目录选出满足以上要求的原动机，其容量应计及发电机的效率和过载能力。

1. 柴油机

柴油机是目前船舶上应用最广泛的一种发电原动机。它的燃烧效率高，运行比较经济，安装无特殊要求，起动、使用均比较方便。通常把 1000r/min 以上的柴油机称为高速柴油机，300~1000r/min 的称为中速柴油机，低于 300r/min 的低速柴油机很少用作发电原动机。高速柴油机有较小的体积和较轻的重量，但机器寿命相对短，噪声大。

选择柴油机作发电原动机时应注意以下三点。

（1）各种厂家生产的柴油机性能有很大的差异，应选那些经实践证明质量能保证船舶使用要求的产品作发电原动机。

（2）军用船舶或要求发电机组尺寸紧凑的船舶可选用转速较高的柴油机。

（3）柴油机和发电机的功率应合理匹配。柴油机功率选得过小，会减小机组的过载能力，而且柴油机长期过负荷工作会使燃烧恶化，热负荷和机械负荷增加，使用寿命下降，动态响应性能差。反之，若柴油机功率选得过大，会使柴油机功率不能充分利用。长期低负荷运行，耗油大，运行经济性差，而且会引起气缸积炭，增大磨损，同样会导致柴油机使用寿命的缩短。

早期的柴油发电机组采用机械调速器，而后采用液压调速器并由柴油机配套供应，一般不存在选型问题。近年来，由于机组性能要求不断提高，出现了许多新型调速器，如电子调速器、电液调速器等，因此柴油机选型也出现了调速器选型的问题。选择调速器主要应考虑发电机组的调速性能和工作可靠性的要求，当然也应兼顾设备现实性和经济性等因素。一般来说，对系统性能指标要求较高时，可采用电子调速器等较优越的调速器；对系统性能要求不高时，可采用液压调速器。

2. 汽轮机

汽轮机是蒸汽动力船舶最常用的发电原动机。它的结构简单，工作可靠，控制方便，高速性能好，运行噪声低。蒸汽动力船舶上，利用推进动力锅炉作汽轮发电机组的主供气源，可以简化机组的配套设备，提高运行经济性，在蒸汽动力船舶上多采用汽轮发电机组。但设计这类船舶电站系统时，也应注意主锅炉不能供汽时的供电问题，如主锅炉没有点燃或破损等情况。因此，在用蒸汽动力装置的船舶上，除了安装汽轮发电机组作为主发电机组之外，为了快速备航和提高生命力，还应配备一定数量的柴油机或其他动力的辅助发电机和应急发电机，以使各种工况的供电都能得到保证。

3. 燃气轮机

燃气轮机具有重量轻、体积小、起动快、运行维护方便、便于集中控制、少用水甚至不用水、可燃烧多种燃料和廉价等一系列优点，对船舶电力系统设计有很大吸引力。近年来已有不少船舶采用燃气轮机作发电原动机。它们配备了高度自动化的控制设备，能在各种工况下可靠工作。

燃气轮机的最大缺点是耗油率高，尤其在电网处于变负荷或低负荷工况时，其耗油率大大高于其他类型的机组。为了解决这一问题，有的船舶将发电燃气轮机排出的废气（一般为 $350\sim500℃$）引到专用锅炉，加入燃料进行混烧，然后利用它来产生蒸汽回收热量。燃气轮发电机与混烧式锅炉组合，可以使燃气发电系统在 70%以上的高效率下运行。燃气轮机另一缺点是高频噪声较强，通常需安装在防冲击和消音的机架上，并设置隔音罩。

除了发动机自身的因素外，原动机选型还包含着诸如订货方的要求、设备的现实条件和船舶设计的综合经济效果等因素。

第3章 船舶同步发电机的并联运行

3.1 概 述

通常船舶主电站由两台或两台以上型号、规格相同的发电机组成。为满足用电需要，保证运行的经济性，船舶在不同的运行状态下，有时需要运行一台发电机，有时需要运行多台发电机。多台发电机并联运行状态的实现方法是：第一台发电机起动后无条件接入电网，从第二台发电机起，依次起动，须经"投入并联"的操作接入电网。"投入并联"也叫"并车"。本章主要讨论两台发电机并联的情况，即其中一台已运行的发电机代表电网，另一台待并联，投入并联的操作就是针对待并联发电机而言的。

投入并联的操作不仅用于多台发电机并联供电的运行状态，对只要单机供电的运行状态，甚至对于只要单机供电的电站，也需要投入并联的操作。这主要是考虑电站工作时，有时要用备用发电机替换运行发电机，在这种情况下，为保证连续供电，应先将备用机投入并联，再转移负载，最后使原来运行的发电机退出电网和"停车"。因此，尽管投入并联的操作过程很短暂，但它是一般船舶电站不可缺少的。投入并联操作不当会引起严重的后果，所以无论是电站设计还是运行管理都必须重视这一问题。

多台发电机并联供电时，在每一台发电机投入并联成功后，还要考虑如何使并联的发电机稳定运行，这些问题将在第4章、第5章中叙述，本章只讨论投入并联。

交流同步发电机的输出电压的波形条件已由发电机制造厂保证，在发电机输出三相电压的相序条件已由电站安装调试时保证的前提下，投入并联必须满足以下条件：①待并联发电机输出电压的幅值与电网电压幅值相等；②待并联发电机输出电压的频率与电网频率相等；③待并联发电机输出电压的相位与电网电压的相位相等。简言之，要求两发电机的电压瞬时值完全相等。

首先，我们来分析为什么要具备以上条件才能投入并联。

设待并联发电机的瞬时电压为 $u_g = U_{mg}\sin(\omega_g t + \varphi_{0g})$，电网的瞬时电压为 $u_n = U_{mn}\sin(\omega_n t + \varphi_{0n})$，其中下标 g 表示待并联发电机（incoming generator），下标 n 表示电网（network），下标 m 表示幅值（magnitude），ω 表示角频率，$\omega = 2\pi f$，f 表示频率，φ_0 表示初相位。用 φ 表示相位，则 $\varphi_g = \omega_g t + \varphi_{0g}$，$\varphi_n = \omega_n t + \varphi_{0n}$，那么，并车三条件可表示如下。

（1）$U_{mg} = U_{mn}$，或用有效值 U 表示为 $U_g = U_n$。

（2）$f_g = f_n$，或 $\omega_g = \omega_n$。

（3）$\varphi_g = \varphi_n$。

若用 δ 表示相位差，$\delta = \varphi_g - \varphi_n$，则相位条件也可表示为 $\delta = 0$。

为简化分析，再设三相电路对称，则可取其中一相分析。设发电机电枢电阻 $R_a \ll X_d$ 且可忽略不计，其中 X_d 为发电机同步电抗。另外，我们应注意到投入并联时电路状态的变化，即待并联发电机主开关闭合瞬间，首先进入次暂态过程，此时电枢回路的阻抗主要是次暂态电抗 X_d''。X_d'' 渐变为 X_d'，进入暂态，X_d' 再渐变为 X_d，进入稳态。当发电机转子无阻尼绕组时，无次暂态，即无 X_d''，仅从 X_d' 渐变为 X_d。

用发电机 g_1 表示电网，发电机 g_2 表示待并联发电机时，等值电路图如图 3-1 所示。

（1）设 $f_g = f_n$，$\varphi_g = \varphi_n$，但 $U_g \neq U_n$，不妨设 $U_g > U_n$，即 $U_{g_2} > U_{g_1}$，画出矢量图如图 3-2 所示。由于 $\Delta \dot{U} = \dot{U}_{g_2} - \dot{U}_{g_1} \neq 0$，当 g_2 的主开关 S_2 闭合时，在两发电机之间构成的回路中产生一个称为平衡电流的环流 $\dot{I}_2$，由于回路阻抗近似为纯电感 X_{d1}'' 和 X_{d2}''，所以环流 $\dot{I}_2$ 滞后 $\Delta \dot{U}$ 约 90°。这个环流由 g_2 流出，对 g_2 的电枢反应是去磁作用，将使 g_2 的端电压比投入并联前有所降低；同时，该环流流入 g_1，对 g_1 的电枢反应是增磁作用，将使 g_1 的端电压有所升高，这是环流的平衡作用，最终使两电压趋于相等。

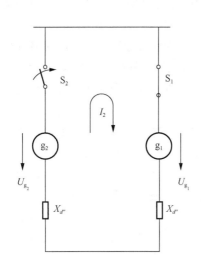

图 3-1　并联运行等值电路

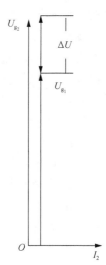

图 3-2　电压有效值不相同时的矢量图

由于 X_d'' 比发电机稳态运行时的同步电抗 X_d 小很多，因此，当 ΔU 较大时，并车将会产生很大的冲击电流，这对发电机及电网都很不利，于是要求限制并车时 ΔU 的大小，通常 ΔU 应限制在发电机额定电压的 10% 以内。这就是并车时要满足的电压条件。

船用发电机都具有自动电压调整装置，使发电机输出电压能满足并车的电压条件，通常不必为并车操作另外采取自动调整电压措施。

（2）设 $U_g = U_n = U$，$f_g = f_n$，但 $\varphi_g \neq \varphi_n$，不妨设 φ_g 大于 φ_n，矢量图如图 3-3（a）所示。

由图可见，尽管 $U_\mathrm{g}=U_\mathrm{n}$，但 $\Delta\dot{U}=\dot{U}_\mathrm{g}-\dot{U}_\mathrm{n}\neq0$，所以 $\Delta U=2U\times\sin\left(\dfrac{\varphi_\mathrm{g}-\varphi_\mathrm{n}}{2}\right)$，因此，仍然会在机组之间产生环流 $\dot{I}_l$。

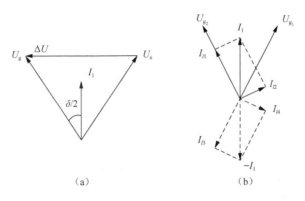

图 3-3　相位不相同时的矢量图

$\dot{I}_l$ 滞后 $\Delta\dot{U}$ $90°$，这与分析（1）的情况相同，但是 $\dot{I}_l$ 滞后 $\dot{U}_\mathrm{g}$ $\frac{1}{2}\delta$ 角度而超前 $\dot{U}_\mathrm{n}$ $\frac{1}{2}\delta$ 角度，其中 $\delta=\varphi_\mathrm{g}-\varphi_\mathrm{n}$。

$\dot{I}_l$ 由 g_2 流出，$\dot{I}_l$ 相对于 $\dot{U}_\mathrm{g}$ 即 $\dot{U}_{\mathrm{g}_2}$ 可分解为两个分量，如图 3-3（b）所示。其中 $\dot{I}_{l1}$ 与 $\dot{U}_{\mathrm{g}_2}$ 同向，表示 g_2 输出有功功率，即轴上出现制动力矩；另一分量 $\dot{I}_{l2}$ 滞后 $\dot{U}_{\mathrm{g}_2}$ $90°$，表示对 g_2 有去磁作用，即 g_2 端电压要下降。

$\dot{I}_l$ 流入 g_1，$\dot{I}_l$ 对 g_1 的作用可由图 3-3（b）中 $-\dot{I}_l$ 表示出来，其中分量 $\dot{I}_{l3}$ 与 $\dot{U}_{\mathrm{g}_1}$ 反向，表示 g_1 吸收有功功率，即轴上出现电动力矩；另一分量 $\dot{I}_{l4}$ 滞后 $\dot{U}_{\mathrm{g}_1}$ $90°$，对 g_1 有去磁作用，即 g_1 的端电压也要下降。综上所述，当两机组电压幅值相同、频率相同但相位不同时并车，在机组间会产生一个环流，环流既含有功分量，也含无功分量。其中有功分量的作用是使相位超前的机组输出有功，自身受到制动，同时使相位滞后的机组吸收有功，自身受到加速，最终使两者相位趋于一致，这个过程叫"自整步"作用。环流的无功分量对两机组的作用相同，均为去磁，因此，并车过程中发电机或电网的电压均要下降，但两者幅值仍保持相等。

由图 3-3 可看出，当 δ 变大时，环流的有功分量减小，无功分量增大，这对自整步作用及稳定电压都是不利的。极端情况是 $\delta=180°$，此时 $\Delta\dot{U}$ 的幅值达最大值，环流达最大值但有功分量却最小（0），没有自整步作用，这是最坏的情况。通常，要求并车的相位条件是 $|\delta|<15°$ 电角度。

（3）设 $U_\mathrm{g}=U_\mathrm{n}$，$\varphi_\mathrm{g}=\varphi_\mathrm{n}$，但 $f_\mathrm{g}\neq f_\mathrm{n}$，不妨设 f_g 大于 f_n。在这种情况下并车，在并车瞬间的矢量图如图 3-4（a）所示，$\Delta\dot{U}=0$，但由于 $f_\mathrm{g}>f_\mathrm{n}$，即发电机的转速不同，经 Δt 时间

后，将出现 $\dot{U}_{g_2}$ 超前 $\dot{U}_{g_1}$ 的情况，即 $\varphi_g > \varphi_n$，或 $\delta = 2\pi(f_g - f_n)\Delta t \neq 0$，因此 $\Delta\dot{U} \neq 0$，出现环流。环流作用与（2）中所述相似，但我们应注意到动态过程有所不同：由于频率不同，首先引起 $\delta \neq 0$，出现平衡电流，随着平衡电流的自整步作用的加大，频率差逐渐减小到 0。这个动态平衡的频率值在初始 f_g 和 f_n 之间。与此同时，相位差 δ 却达到最大值。因此，自整步作用并未完结，待并联发电机 g_2 继续受到制动，而作为电网的 g_1 继续加速，直到相位也达到平衡。由此可见，拉入同步的过程会产生振荡。当初始频率差较大时，则不能拉入同步。所以要限制频率差的大小，通常允许频率差在额定频率的 $\pm 1\%$ 以内。

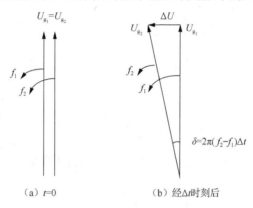

图 3-4　频率不相同时的矢量图

（4）实际并车操作遇到的条件是上述三种情况的综合，即电压幅值、频率和相位均存在偏差，必须限制偏差才能保证投入并联的成功，否则会破坏电网的正常运行，并对电网设备和投入发电机组（包括发电机的原动机）造成机械损坏。

理论上或简单地说，并车三条件是电压幅值相等、频率相等、相位差为零。实际上在待并联发电机与电网之间总存在误差，因此，实用的并车条件是：电压幅值偏差在 $\pm 10\%$ 以内，频率偏差在 $\pm 1\%$ 以内，相位差在 $\pm 15°$ 电角度以内。

直接按上述三条件实现并车的方法称为准（确）同步法。它又可以分为手动准同步法和自动准同步法两种。

通过增加并车电抗器及相应附属电器，使并车条件适当放宽，操作较为简捷的一种并车方法，叫电抗同步法或粗同步法，这是目前我国船舶广泛应用的一种并车方法。

3.2　手动准同步方法

由操作人员观察仪表、指示器并相应手动调整有关参数，使待并联发电机满足准同步并车三条件，并在恰当时刻完成待并联发电机接入电网（待并联发电机的主开关闭合，也叫合闸）的操作，称为手动准同步并车（操作），具体并车步骤如下。

第一步，起动待并联发电机，加上励磁，建立电压。

第二步，观察电压表。电压表有两个，一个指示待并联发电机输出电压，另一个指示电网（母线）电压。判断两电压表指示的电压偏差是否在±10%以内，若两者偏差过大，则应手动调整待并联发电机调压器的有关旋钮或手柄，使 U_g 接近于 U_n。

第三步，观察频率表。频率表有两个，与第二步类似，判断频率偏差是否在±1%以内，若偏差过大，则应手动调整待并联发电机的原动机转速。

实船操作时，在并车前电网通常有负载。为使并车顺利，待并联发电机在并车过程中不应增加电网的负担，因此，调整待并联发电机的参数时，通常使 U_g 略大于 U_n，f_g 略大于 f_n。

第四步，检测相位差。检测相位差有两类指示器：一类是指示灯，指示灯分两种接线，即灯光明暗法和灯光旋转法；另一类是同步表，也叫整步表或同步指示器。

（1）灯光明暗法。灯光明暗法的接线原理如图 3-5 所示。实际指示灯必须经电压互感器接入电路（图中未画出）。待并联发电机为 G，电网母线为 A、B、C，三个指示灯分别接在待并联发电机三相主开关 Q 的两侧。在 Q 分断状态，每个指示灯上被加上对应相的偏差电压 ΔU，指示灯的亮度与 ΔU 的大小有关。在理想同步条件下，$\Delta \dot{U}=0$，指示灯不发光。当存在 ΔU 或 δ 时，指示灯亮；当存在 Δf 时，灯光将按 Δf 大小出现明暗交替变化，其中灯灭的时刻为 $\delta=0$ 的时刻，这表明相位条件是动态变化的。由于指示灯实际熄灭时间在一个明暗交替的周期内占一定时段而非一点，所以，根据这种灯光指示进行合闸操作存在一定误差。

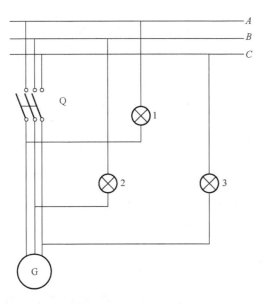

图 3-5　灯光明暗法接线

（2）灯光旋转法。灯光旋转法的接线原理如图 3-6 所示。图 3-6 与图 3-5 的不同之处是有两相接线发生了交换，因此三相的偏差电压矢量不同时过 0，如图 3-7 所示。三个灯是交替明暗的，造成好像灯光在旋转的视觉效果。根据灯光旋转的方向和快慢可以判断频率差的方向和大小。例如，灯光顺时针旋转，即三个灯的明暗次序是 1—2—3，表示 $f_g > f_n$，旋转越快表示频率差越大。当灯 1 熄灭，且灯 2 和灯 3 的亮度相同时，表示 $\delta=0$。

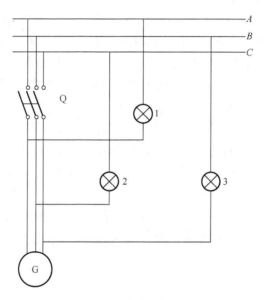

图 3-6　灯光旋转法接线

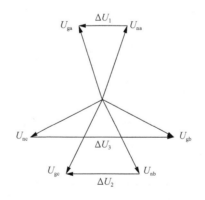

图 3-7　灯光旋转法矢量图

（3）同步表法。同步表有两个绕组，其中三相绕组与待并联发电机相接，单相绕组与电网相接，如图 3-8 所示。实际上同步表的两个绕组也要经电压互感器接入电路。通常一个电站中只用一个同步表，当某一台发电机作为待并联发电机时，经过转换开关与同步表相连，实际接线图如图 3-9 所示。

同步表的三相绕组通电后在表内产生一个旋转磁场。单相绕组也是固定不动的绕组，接入电网电压后产生一个脉动磁场，磁化一个软铁转子，脉动磁场与旋转磁场相互作用，使转子转动。转子带动一个指针。若 $\Delta f \neq 0$，指针根据 Δf 的大小旋转，当 $f_g > f_n$ 时，指针顺时针旋转；若 $\Delta f = 0$，则指针停止不动，指示 δ 的大小，若 $\delta = 0$，则指针指示在相当于钟表 12 时的位置上。为避免误指示（同步状态），同步表不通电时会自动偏离 12 时的位置。同步表被设计为短时工作制，完成并车操作后，应切断同步表电路。

通常使用同步表并辅以上述的一种指示灯。

检测相位差就是通过观察这些相位指示器，等待出现 $\delta = 0$ 的时刻。

第五步，选择恰当时刻合闸。由于主开关从接受合闸指令到真正闭合电路有一个时间延时 t_S，称为开关固有动作时间，大小约在 0.1s 这个数量级。所以，为了使合闸时刻 $\delta = 0$，发合闸指令应取一定的时间或相位差提前量。例如，设 $t_S = 0.1$s，$\Delta f = 0.4$Hz，取时间提前量 $t_P = t_S$，折算成相位差的提前量 $\delta_P = 360° \times \Delta f \times t_S$。代入数据，得 $\delta_P = 14.4°$。可见，若不考虑提前量，即观察到 $\delta = 0$ 时才发合闸指令，极可能造成合闸时刻不满足15°以内的相位条件。这个提前量与 t_S 有关，也与当前状态的 Δf 有关，不是一个固定值。也就是说，即使对电站中同一机组在不同次并车操作时，要考虑的合闸提前量 δ_P 也不会相同。

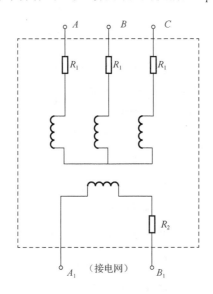

图 3-8　同步表原理图

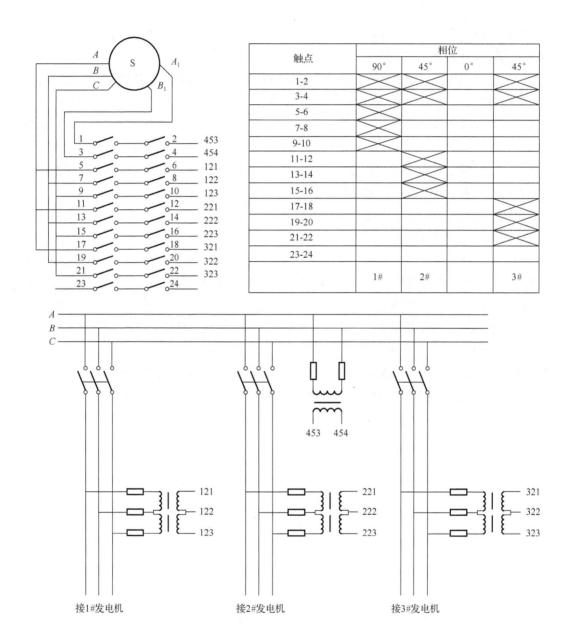

触点	相位			
	90°	45°	0°	45°
1-2	✕			✕
3-4	✕			✕
5-6	✕			
7-8	✕			
9-10	✕			
11-12		✕		
13-14		✕		
15-16		✕		
17-18				✕
19-20				✕
21-22				✕
23-24				
	1#	2#		3#

接1#发电机   接2#发电机   接3#发电机

图 3-9　电站有三台发电机时同步表实际接线图

综上所述，不考虑待并联发电机的起动操作时，并车操作包括观察仪表、调整电压和频率及选择恰当时刻合闸。全过程能否快速、理想地完成，取决于操作人员的素质和经验。因为调整过程会有反复。实际并车条件给出的是一个允许范围，特别地，相位条件是动态条件，把握不好这些条件就会延长操作时间甚至影响系统正常运行或使损坏设备，所以，手动准同步并车操作有一定的难度。为了降低操作难度，保证人工操作的安全性，研究人员设计了串电抗器并车的方法（粗同步并车法）。

3.3　电抗同步方法

3.3.1　电抗同步并车原理

　　这种并车方法的特点是放宽了准同步并车的条件，其中电压条件不变，频率条件放宽到 Δf 在 $\pm 3\% f$ 以内，相位条件放宽到 $\delta \neq 180°$，即 δ 几乎不受限制。因此，这种方法又称为粗同步并车方法。当然并车条件是不能随便放宽的，它是建立在并车电路中串入一个限制并车冲击电流的电抗器基础上的。粗同步并车如图 3-10 所示。当起动待并联发电机 G，并建立电压后，检测并车条件（放宽了的），若满足条件，首先合上 S_2，使 G 通过并车电抗器 LS 接入电网。电抗器限制了并车冲击电流，保证了投入并联的安全性。经一定时间的整步作用，再合上 Q，并打开 S_2，完成整个并车操作。由于并车条件放宽，大大降低了操作难度，深受船员欢迎。

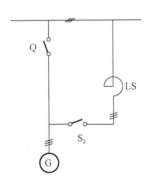

图 3-10　粗同步并车

3.3.2　并车电抗器

　　并车电抗器是电抗同步法的关键元件。它的作用是限制并车条件放宽后可能出现的过大的并车冲击电流，因此，该电抗器必须有较大的电抗值，而且在通过大电流的条件下，电抗值应稳定不变。采用一般的铁芯线圈结构不能满足这个要求，所以，设计为空气芯线圈形式，短时工作制。

　　电抗同步法的单相等值电路如图 3-11 所示。忽略发电机电枢电阻及并车电抗器电阻，设两发电机次暂态电抗相同，为 X_d''。在开关 S_2 闭合瞬间产生环流，环流中含有直流分量和交流（周期）分量两部分。其中直流分量仅持续几十毫秒，相对于电抗并车时间（数秒）

是很短的，因此并车电抗器主要用来限制冲击电流的交流分量。设 I_N 为待并联发电机额定线电流，K 为倍数，用 KI_N 表示要求限制的电流大小，K 的取值为 $1\sim2$，根据具体发电机及其保护电器整定情况而定。于是冲击电流的交流分量 $I_\sim$ 为

$$I_\sim = \frac{2U_\phi \sin\dfrac{\delta}{2}}{2X''_d + X_{LS}}$$

式中，U_ϕ——电网或发电机每相额定电压有效值；

δ——并车瞬间存在的相位差；

X_{LS}——并车电抗器 LS 的电抗值。

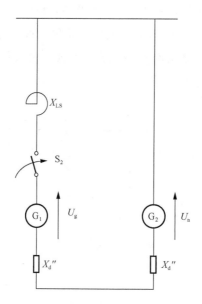

图 3-11　电抗同步法的单相等值电路

考虑最恶劣的相位条件，即 $\delta=180°$ 时有 $I_\sim \leqslant KI_N$，即

$$I_\sim = \frac{2U_\phi}{2X''_d + X_{LS}} = KI_N$$

所以

$$X_{LS} = \frac{2U_\phi}{KI_N} - 2X''_d \qquad\qquad (3\text{-}1)$$

采用标幺值（相对单位制）时

$$x_{\text{LS}*} = \frac{2}{K} - 2x_{\text{d}*}'' \qquad (3\text{-}2)$$

式（3-2）较为简明，由式（3-2）求出 $X_{\text{LS}*}$ 后，可由下式求电抗器实际值 X_{LS}：

$$X_{\text{LS}} = x_{\text{LS}*}Z_\phi = x_{\text{LS}*} \cdot \frac{U}{\sqrt{3}I_\text{N}} \qquad (3\text{-}3)$$

式中，U ——线电压额定值；

Z_ϕ ——发电机额定相阻抗值；

I_N ——发电机额定线电流。

尽管并车电抗器是根据 $\delta=180°$ 条件计算的，但我们已经知道 δ 角越大，自整步作用就越小，而有可能使发电机长时间不能达到同步。因此，实际粗同步操作时，限制 δ 在 90° 以内才能保证并车的成功。

并车电抗器有标准产品，系统设计时可按计算值选用。

不同类型、不同功率的发电机组并车时，应根据使用要求规定并车方向，考虑相应的措施。为安全起见，粗同步并车电抗器应按功率小的机组设计。

粗同步并车用并车接触器的选择步骤如下。

（1）初步选定接触器型号，从相应产品目录或资料中查出接触器触头热容量值 (I^2t)，单位为 $(\text{kA})^2 \cdot \text{s}$。

（2）取并车电抗器工作时间 $t_{\text{op}}=$（6～8）s，作为接触器的持续接通时间，求出接触器允许短时冲击电流值 I_1：

$$I_1 = \sqrt{\frac{I^2t}{t_{\text{OP}}}}$$

（3）按 $I_1 > 1.8I_{\text{gN}}$ 原则，确定接触器额定容量，I_{gN} 表示发电机额定电流。

3.3.3　半自动粗同步原理

手动粗同步并车仍不够安全可靠。因为往往在待并联发电机主开关闭合后，忘记打开并车电抗器开关，留下事故隐患。采用如下的简单控制电路就可保证每次并车后切断电抗器电路。半自动粗同步并车原理图如图 3-12 所示。

设 G_1 为已运行的发电机，代表电网，主开关 QF_1 已闭合。G_2 为待并联发电机。当满足粗同步并车条件时，按下并车按钮 SB_2，接触器 KM_2 从控制电源处得电，它的辅触头闭合，经主开关 QF_2 常闭触点支路实现自锁，它的主触头闭合，使发电机 G_2 通过并车电抗器

L 与电母线排接通。在 KM_2 得电的同时，时间继电器 KT_2 也得电，它的常开触点经延时闭合，延时时间要保证待并联发电机能被拉入同步，一般为 6～8s。时间继电器的常开触点 KT_2 闭合，接通了 QF_2 的合闸电路，使 QF_2 合闸，发电机 G_2 直接接入电网并联运行。当 QF_2 闭合时，其常闭触点断开，从而切断了接触器 KM_2 的自锁电路，KM_2 失电，使并车电抗器自动切除，KT_2 也失电复位，整个粗同步并车完毕。HL 为指示灯，KU 为熔断器（保险丝）。

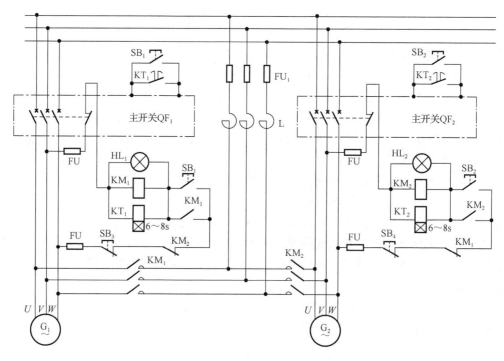

图 3-12　半自动粗同步并车原理图

由于这种方式在操作过程中仍需要人工观察仪表及调整电压和频率，并选择合闸时机，所以称为"半自动"操作。

3.4　自动准同步原理

准同步法并车的优点是合闸准确度高，不需要附加诸如并车电抗器等辅助设备。缺点是人工操作难度大，因此准同步法用于全自动的并车装置是适宜的，可以使并车准确、快速、可靠，体现自动化的优越性。

一个自动准同步并车装置应具有以下基本功能。

（1）检测准同步并车的条件是否满足。

（2）条件满足时，允许发合闸指令，合闸指令应含有适当提前量。若三条件中有一条不满足，有"闭锁"功能，不允许发出合闸指令。

（3）当频率条件不满足时，应能根据频率差的方向及大小向待并联发电机组发出调整信号，使频率差减小，直到满足并车的频率条件。

（4）当电压条件不满足时，由发电机自动电压调整装置进行自动调整，所以并车装置可省去调压功能。

（5）相位条件是动态条件，不满足要求时不必调整，只需"等待"一段时间。因为 $\Delta f \neq 0$ 的条件下，相位差 δ 是周期性变化的。注意：$\Delta f=0$ 时，δ 不变化；Δf 很小时，δ 的变化很慢。这些都不利于快速并车，所以，实际上调频时，希望在频率条件允许范围内有较大的 Δf 值。在这样的频率条件下，检测相位条件就是要"捕捉"一个适当时刻（含提前量）发出合闸指令。

由于实际情况总与理想情况有差别，例如，主开关实际动作时间的离散性（与其固有动作时间有偏差），存在 Δf 的变化率及测量误差等，最终导致合闸瞬间存在相位差，但相位差应小于 ±15° 电角度。

根据交流电压的模拟信号来检测并车条件，实现自动并车操作的方法叫模拟量并车方法；利用计算机技术，根据数字信号实现的自动并车方法叫数字量并车方法。

3.4.1　模拟量并车方法

船舶同步发电机的自动并车是由同步发电机自动并车装置实现的，它能模拟人工并车操作，自动检测和调整并车的三个条件参数，使之满足要求，并考虑到主开关合闸动作时间，在整步点提前一个时间或相位发出合闸指令，然后进行均功（或按比例分配功率）操作。

自动并车装置应具备的一个主要功能是检测相位条件，或称为发出含提前量的合闸指令。提前量由主开关固有动作时间 t_S 决定。总是使提前量 $t_p = t_S$ 的方法称为"恒定提前时间法"。提前量也可用相位表示，相应的方法叫"恒定提前相位法"。恒定相位比较容易实现，但是相位 δ 与时间 t 之间对应关系为 $\delta=2\pi(\Delta f)t$，当差频 Δf 变化时，相位提前量 δ_p 恒定，而时间提前量 t_p 随 Δf 而变化，不是恒定值，因此会造成合闸误差。不过只要误差在允许范围内，这种方法还是可以采用的。

早期采用的分立元件或部分集成电路构成的自动并车装置，形式上是一个独立单元，只有调节频率差、监视电压差和相位差功能，实质上仍属于半自动范畴，称为模拟式自动并车装置。图 3-13 所示为同步发电机自动并车装置的框图。由图可见，自动并车装置主要由合闸条件检测环节、电压与频率调节环节两大部分组成。

起动待并发电机后，自动并车装置首先通过电压差检测电路检测待并发电机与电网的电压差，并根据检测结果发出"升压"或"降压"信号，对待并发电机的励磁电流进行调节，当电压差满足并车操作条件时，自动解除并车装置的"电压闭锁"信号，送到合闸条件检测电路综合判断。在电压调节的同时，自动并车装置通过频率调节电路判断待并发电机电压与电网电压的频率差的方向，并根据频率差方向自动发出"频率上升"或"频率下降"信号，对待并发电机的油门进行调节。

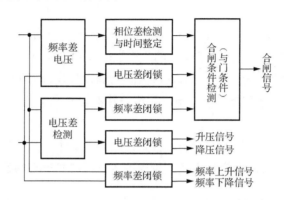

图 3-13　自动并车装置框图

合闸条件检测环节的主要信号是频率差信号，它能反映待并发电机电压与电网电压的频率差和相位差的大小。频率差电压信号（常用 u_s 表示）是通过将待并发电机电压与电网同名相电压相减，并经过整流、滤波得到的。频率差电压是一个按正弦规律脉动的直流电压信号，如图 3-14 所示。为了减小非线性造成的误差，可通过波形变换电路将正弦波频率差电压信号变换成三角波脉动电压信号 u_{sd}。

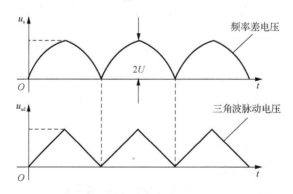

图 3-14　频率差电压信号

三角波脉动电压信号 u_{sd} 的周期反映待并发电机电压与电网电压的频率差的大小，三角波脉动电压信号 u_{sd} 的瞬时值反映待并发电机电压与电网电压的瞬时相位差，三角波脉动电压信号 $u_{sd}=0$ 时，待并发电机电压与电网电压的瞬时相位差正好为零。

自动并车装置的频率差闭锁电路检测频率差电压信号的周期，当频率差电压信号的周期足够长，即满足并车合闸条件的要求时，频率差闭锁电路自动解除频率差闭锁信号，并送到合闸条件检测电路，与其他信号进行综合判断。

相位差检测与时间整定电路的主要功能是：①设置合闸信号提前发出的时间，一般根据发电机主开关的机械动作时间等因素综合考虑进行设置；②在待并发电机与电网电压的相位差满足并车合闸条件时发出相位差满足信号到合闸条件检测电路。

合闸条件检测电路又称为与门条件鉴别电路，其输入信号有三个：①相位差条件信号；②频率差闭锁解除信号，即频率差条件满足信号；③电压差闭锁解除信号，即电压差条件满足信号。当这三个输入信号同时满足时，合闸条件检测电路发出合闸信号控制待并发电机的主开关合闸，实现自动准同步并车操作。

3.4.2　数字量并车方法

随着计算机技术的迅速发展和成熟，数字化并车方法成为可能。用于工业控制的单片机、个人计算机（personal computer，PC）和可编程逻辑控制器（programmable logic controller，PLC）等均可用来实现数字式并车，下面介绍一种数字式并车方法的原理。

数字方式准同步并车主要分为频率差检测、频率调整和相位差检测三个部分，其中相位差检测包括含提前量的合闸指令。

1. 频率差检测

正弦波电压信号 u_g 和 u_n 经鉴零器变换为正半周期矩形波信号后，就可用计算机的计数器进行计数测量，如图 3-15 所示。当矩形波出现上升沿时，触发计数器开始计数；当矩形波达第二个上升沿时，停止计数。计数值代表信号的周期，再除以 2，得到半周期。例如，计数器的计数频率为 1MHz，对于工频 50Hz 的半周期计数值为 10000 次，若待并发电机频率为 50.5Hz，计数值是 9901 次，频率为 49.5Hz 时，计数值是 10101 次。分别对 u_g 和 u_n 计数，求出计数差，就可判断频率差是否符合并车条件。

2. 频率调整

若频率差检测不满足并车条件，就应根据频率差的符号调整待并联发电机的转速。数字量的符号判断是轻而易举的事，计算机输出一定宽度、一定频率的调速脉冲也是很容易实现的，而且可以根据频率差的大小，随时改变调速脉冲的宽度和频率。调速脉冲经功率放大后输出。如果调整待并联发电机频率在 $f_n < f_g \leqslant f_n + 0.5\text{Hz}$ 范围内，且使 f_g 等于或接近 $f_n + 0.5\text{Hz}$，那么将有利于并车的成功。

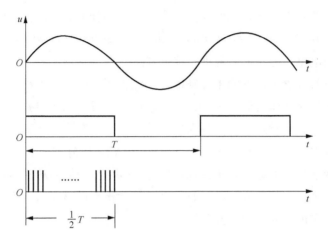

图 3-15　频率检测——正半周期计数

3.　相位差检测

以电网电压矩形波上升沿触发计数器计数，以待并联发电机电压矩形波上升沿触发计数器停止计数，那么，计数值可表示两波形相位差。最大计数值是电网电压半周期计数值，表示相位差 $\delta = 180°$；最小计数为 0，表示相位差 $\delta = 0°$。发合闸指令应有提前量，设置提前量采用恒定提前时间方式。设主开关平均动作时间为 0.1s，电网频率以 50Hz 计算，提前量为 0.1/(1/50)=5（个周期），表示以电网矩形波计算提前量时，要提前 5 个周期。考虑计算机检测判断及发合闸指令要一定时间，检测提前量应再加一个周期。图 3-16 表示了这种相位关系。检测提前电网 6 个周期的相位差的方法是：已知电网半周期计数值与待并联发电机半周期计数值之差，只要乘以 12，就是我们要检测的值。当检测到值以后，待下一次电网电压矩形波上升沿出现，立刻发出合闸脉冲。相位差检测的程序流程如图 3-17 所示。

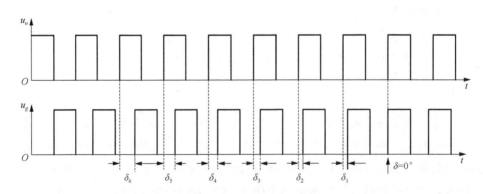

图 3-16　检测含提前量的相位差原理

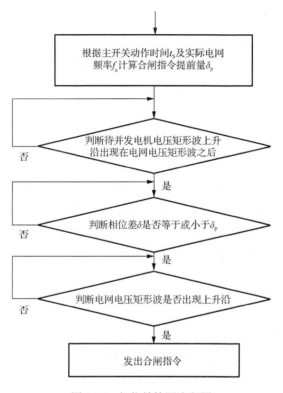

图 3-17　相位差检测流程图

　　采用数字式并车,可以提高装置的检测精度。就检测频率差、相位差及调速控制三方面而言,并不需要模数转换(analog-to-digital,A/D)和数模转换(digital-to-analog,D/A),因此结构简单。软件实现运算、控制方便。软件也容易修改、优化和智能化。除了并车功能外,计算机还可以实现其他功能,充分发挥其效率。

第4章 船舶同步发电机电压及无功功率的自动调整

4.1 概　　述

各种用电设备都要求在额定电压下运行，因此维持供电电压稳定，是保证供电质量的主要措施之一。然而，电压是会经常变动的，船舶电网电压波动比陆上大电网电压波动更为严重。电网电压由电站内运行发电机提供，其电压是否稳定取决于发电机的自动电压调整装置性能。船舶同步发电机自动电压调整装置研究是船舶电力系统或船舶电站研究的主要内容之一，也是本课程的重点。

首先，我们应该了解引起电网电压波动的原因。负载变动是引起船舶电网电压波动的主要原因。从原理上分析，负载变动分两种形式：一是负载的功率因数不变，负载电流幅值变化；二是负载电流幅值不变，而功率因数变化。这两种形式都将引起发电机的电枢反应发生变化，从而引起发电机端电压变化。我们从第1、2章的介绍知道，船舶负载多是感性的，且变化无规律。因此，负载的幅值变大或功率因数减小时，都将引起电压下降；反之，将引起电压升高。发电机电枢反应的程度可以用同步电抗 X_d 来表征，当忽略发电机电枢电阻并考虑发电机为隐极型式时，其简化矢量图如图 4-1 所示，电压平衡方程式为

$$\dot{U}=\dot{E}-\mathrm{j}\dot{I}X_d \tag{4-1}$$

式中，$\dot{U}$ ——发电机端电压；

　　　$\dot{E}$ ——发电机空载电势；

　　　$\dot{I}$ ——发电机电枢电流；

　　　X_d ——发电机同步电抗。

当 $\dot{E}$ 不变，而 $\dot{I}$ 变化，即幅值 I 变化或 $\dot{I}$ 与 $\dot{U}$ 的夹角 φ 变化时，都将引起 $\dot{U}$ 的幅值变化。

另外，我们知道发电机电势 $E=4.44nf\Phi_m$，式中 n 为发电机绕组匝数，f 为发电机频率，Φ_m 为发电机磁通。可见，f 和 Φ_m 的变化也将引起 E 的变化，从而使 U 变化。励磁电路参数变化可引起励磁电流的变化，从而引起 Φ_m 变化。若励磁电路中存在半导体元件，那么，环境温度也最终会影响到发电机输出电压的大小。

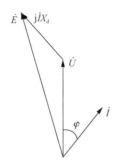

图 4-1　隐极同步发电机简化矢量图

当电压波动，需要进行调整时，通常是调节发电机励磁电流的大小。一个电压自动调整装置实质上是励磁电流自动调整装置。不过，励磁电流的调整作用并不限于对电压的调整，当发电机并联运行时，它还在发电机组无功功率分配方面起作用，这一点将在 4.6 节中叙述。

在各种外部因素及自动调整装置的综合作用下，电压幅值变化的概念可用图 4-2 表示。如果用 U_{SM} 表示电压稳态极大值 U_{Smax} 或极小值 U_{Smin}，用 U_{DM} 表示电压动态极大值 U_{Dmax} 或极小值 U_{Dmin}，那么，稳态电压变化率如式（4-2）所示，动态电压变化率如式（4-3）所示。电压变化率也称调整率（regulation）。

$$\Delta U_{S} = \frac{U_{SM} - U_{N}}{U_{N}} \times 100\% \qquad (4\text{-}2)$$

$$\Delta U_{D} = \frac{U_{DM} - U_{0}}{U_{N}} \times 100\% \qquad (4\text{-}3)$$

式中，U_{N}——发电机额定电压；

U_{0}——动态变化前的电压。

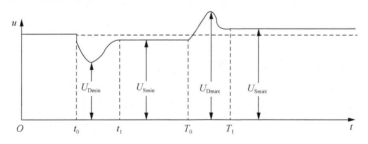

图 4-2　电压幅值随时间的变化曲线

2016 年版中国船级社的《钢质内河船舶建造规范》第 3 篇第 3.2.1.2 条规定："交流发电机连同其调整装置，在原动机正常速度特性情况下，当发电机的负载自空载至满载之间的任一负载时，并使功率因数保持额定值，发电机的稳态电压变化率应不超过±2.5%。应急发电机的稳态电压变化率可允许不超过±3.5%。"2022年版中国船级社的《钢质海船入级规范》第4篇第3.2.8.2条规定："由调速特性符合本规范第3篇第7章或第8章或第9章要求的原动机驱动的交流发电机连同其励磁系统，应能在负载自空载至额定负载范围内，且其功率因数为额定值情况下，保持其稳态电压的变化值在额定电压的±2.5%以内。应急发电机可为±3.5%以内。"第3.2.8.3条规定："交流发电机在负载为空载，转速为额定转速，电压接近额定值的状态下，突加和突卸60%额定电流及功率因数不超过0.4（滞后）的对称负载时，当电压跌落时，其瞬态电压值应不低于额定电压的85%；当电压上升时，其瞬态电压值应不超过额定电压的120%，而电压恢复到与最后稳定值相差3%额定电压以内所需的时间应不超过1.5s。应急发电机电压恢复到与最后稳定值相差4%额定电压以内所需的时间，可不超过5s。"

一个合格的船用自动励磁调整装置除必须满足规范对电压变化率的要求以外，还需要满足以下几方面的要求。

（1）有足够的强励能力。这是指电力系统处于暂态时，如负载突然大幅度增加或发生短路故障时，电压会突然下降很多，从而造成各种负载工作不正常。为了避免这种情况，就要求励磁装置在发生电压大幅跌落时，能在最短时间内提供数倍于额定值的励磁电流，从而使发电机电压迅速回升，这种能力称为强励能力。强励能力通常用强励倍数和发电机电压上升速度来衡量。注意，装置的动态性能（以电压动态变化率衡量）与强励性能是有区别的。

（2）电磁兼容性。这是指电气设备特别是电子设备在规定的电磁环境中有效工作的能力。在船舶这个特定环境中有各种设备，特别是各种控制设备及弱电设备对环境电磁场比较敏感，因此，对励磁装置的电磁兼容性要求主要体现在不干扰其他设备的正常工作这一方面。

（3）自励起压性能。这是对自励类型的励磁装置的要求。保证发电机从静止起动后能迅速顺利地发出规定的电压。自励类型的励磁装置应用最为普遍。

其他还有安全性、可靠性、经济性（体积、重量、成本、运行维护费用等），也是很重要的衡量指标。

自从船电交流化以来，自动励磁调整装置是必不可少的。到目前为止，其发展变化大体经历了他励（直流）—自励—他励（交流）这样一个过程。励磁装置多种多样，分类的方法也有多种。例如，根据励磁的来源分类，有他励和自励两大类。他励是指专门配备励磁发电机（exciter），为发电机提供励磁电流，其中根据励磁机发出的电流又可分为直流他励和交流他励两类。又如，根据控制原理分类，可分为不可控励磁和可控励磁两类。根据励磁方式分类，有相复励、无刷励磁、三次谐波励磁、晶闸管（可控硅）整流励磁等。每一类又可进一步细分，如图4-3所示。

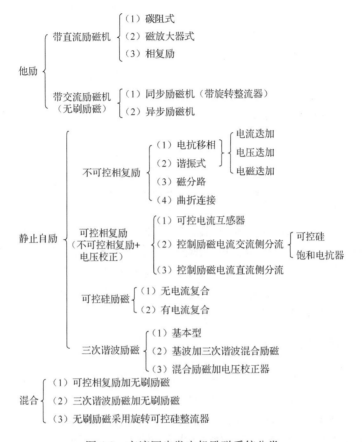

图 4-3　交流同步发电机励磁系统分类

本章将介绍相复励、可控硅励磁、可控相复励和无刷励磁原理。根据上述衡量励磁装置的几方面性能指标，具体介绍每一种励磁原理之后，分析其优缺点，做出适当的评价。

4.2　相复励装置

相复励是自励类型交流发电机中最常见的一种形式。所谓自励，是指从发电机电枢输出端取出一部分电能，经适当变换后用于自身励磁。

为了保证在发电机空载起动时也能以自励形式建立起额定电压，相复励装置需要取得发电机端电压信号。而当发电机带负载以后，由于负载的电枢反应会引起端电压的变化，此时相复励装置也应能调整其输出的励磁电流，所以还需要取得负载电流信号。因此这种励磁方式与直流复激发电机原理相近，不同之处在于交流负载除了负载大小变化会引起电压变化外，负载功率因数的变化也会引起电压变化，励磁装置对以上两方面的变化都要做出响应，即调整励磁电流大小，使端电压保持不变。根据负载电流的大小变化进行的调整作用称为复励作用，根据负载电流的相位变化进行的调整作用称为相位补偿作用，综合起来称为相复励作用。

学习相复励原理可以从了解发电机恒压所需要的励磁电流规律入手。已知励磁电流 I_f 与发电机电势 E 相对应，为了分析方便，设发电机磁路不饱和，那么 $E \propto I_f$，或写作 $E = K_1 I_f$。为了表示矢量关系，引入符号 $\dot{I}_f$，使 $\dot{E} = K_1 \dot{I}_f$，代入式（4-1），得

$$\dot{I}_f = \frac{1}{K_1}\dot{U} + \frac{jX_d}{K_1}\dot{I} \tag{4-4}$$

空载时，即 $\dot{I} = 0$，为了维持空载电压，发电机需要空载励磁电流 $\dot{I}_{f0} = \frac{1}{K_1}\dot{U}$；负载时，

为了保持端电压 U 不变，励磁电流必须增加第二部分（这部分与负载电流 $\dot{I}$ 有关），用来补偿电枢反应的作用。这就是发电机恒压所需要遵循的励磁电流规律。励磁电流的第一部分与端电压有关，称为电压分量。当 U 恒定时，该分量是定值。第二部分与负载电流有关，称为电流分量。由于负载电流经常变动，显然电流分量也随之而变。

相复励装置就是按这个规律设计的励磁装置。

4.2.1 电流相加相复励装置

电流相加相复励装置的原理如图 4-4 所示。主要构成元件为三相电流互感器 TA、三相电抗器 LC 和三相桥式整流器 UR。因为三相电路对称，简化的单线原理图如图 4-5 所示。图 4-5 中省略了图 4-4 中的整流器直流侧并联过电压保护元件 R_0、C_0，由限流电阻 R_s、直流电池 E 和按钮 SB 组成的并联充磁回路，以及分流用可调电阻 R_p。

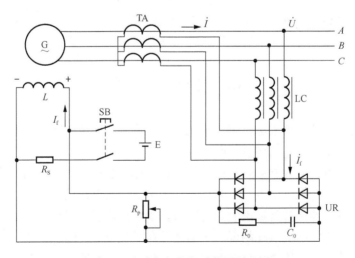

图 4-4　电流相加相复励装置原理图

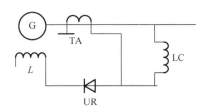

图 4-5　电流相加相复励单线原理图

发电机端电压 $\dot{U}$ 经 LC 加到 UR 上，整流后提供一个直流电流输入发电机转子，这就是励磁电流的电压分量。当发电机带上负载后，TA 的副边感应有电流，也经 UR 输入发电机转子，这就是励磁电流的电流分量。由图 4-4 可见，这两个分量在 UR 的交流侧直接汇合，称为交流侧电流相加形式。

这种电路结构看起来不复杂，但整流器 UR 的阻抗是非线性的，而且发电机定子与转子间通过碳刷滑环实现电气连接，连接处的阻抗也是非线性的、时变的。这些给我们分析电路带来了困难。我们仍然采用近似的办法简化问题。考虑 UR 的直流侧阻抗，包括转子励磁绕组电阻、碳刷滑环接触电阻和 UR 本身阻抗，一起折算到 UR 的交流侧，近似等效为一个三相对称的线性电阻 R_f。

另外，忽略电抗器 LC 的电阻，设其电抗值为 X_{LC}。忽略电流互感器的损耗，设原边、副边匝数比为 K_i，则副边电流 $\dot{i}'=K_i\dot{i}$，其中 $\dot{i}$ 为原边电流，即发电机负载电流。$\dot{i}'$ 的大小仅与 $\dot{i}$ 有关而与副边回路阻抗无关，即 TA 副边可看作一个电流源。这样，我们得到图 4-4 的单相等值电路图，如图 4-6 所示。其中电压源 $\dot{U}$ 代表发电机端电压。解这个电路，可求出 R_f 上流过的电流，即发电机的励磁电流。由于 R_f 被折算到交流侧，所以，求得的是交流电流 $\dot{i}_f$。

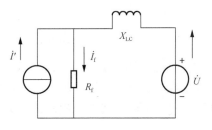

图 4-6　单相等值电路图

应用叠加原理，分别考虑两个电源的作用。先考虑电压源作用，将电流源开路，如图 4-7 所示。令此时 R_f 上的电流为 $\dot{i}_{fu}$，则

$$\dot{I}_{\mathrm{fu}} = \frac{\dot{U}}{R_{\mathrm{f}} + \mathrm{j}X_{\mathrm{LC}}} \tag{4-5}$$

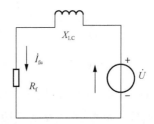

图 4-7　电压源单独作用

再考虑电流源作用，将电压源短路，如图 4-8 所示。令此时 R_{f} 上的电流为 $\dot{I}_{\mathrm{fi}}$，则

$$\dot{I}_{\mathrm{fi}} = \frac{\mathrm{j}X_{\mathrm{LC}}}{R_{\mathrm{f}} + \mathrm{j}X_{\mathrm{LC}}} K_{\mathrm{i}}\dot{I} \tag{4-6}$$

所以，总励磁电流

$$\dot{I}_{\mathrm{f}} = \dot{I}_{\mathrm{fu}} + \dot{I}_{\mathrm{fi}} = \frac{\dot{U}}{R_{\mathrm{f}} + \mathrm{j}X_{\mathrm{LC}}} + \frac{\mathrm{j}X_{\mathrm{LC}}}{R_{\mathrm{f}} + \mathrm{j}X_{\mathrm{LC}}} K_{\mathrm{i}}\dot{I} \tag{4-7}$$

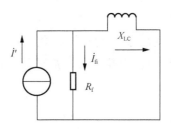

图 4-8　电流源单独作用

比较式（4-4）和式（4-7），只要选择 $R_{\mathrm{f}} + \mathrm{j}X_{\mathrm{LC}} = K_{\mathrm{i}}$，$K_{\mathrm{i}} = X_{\mathrm{d}} / X_{\mathrm{LC}}$，那么，这个电流相加相复励装置提供的励磁电流就可保证发电机端电压恒定。我们在式（4-4）中引入的符号 $\dot{I}_{\mathrm{f}}$ 的物理意义现在也得到了明确，它确实代表励磁电流，只不过是在整流器 UR 交流侧而已。

在这种装置中，电抗器 LC 的作用很重要，它既决定了电压分量 $\dot{I}_{\mathrm{fu}}$ 的大小，又与电流分量 $\dot{I}_{\mathrm{fi}}$ 有关。从式（4-7）看出，若令 $X_{\mathrm{LC}} = 0$，则 $\dot{I}_{\mathrm{fi}} = 0$，也就是没有了复励作用。于是负载电流的变化不能引起励磁电流 I_{f} 的变化，端电压也就不能保持恒定。从图 4-4 上可以看到，若 $X_{\mathrm{LC}} = 0$，端电压直接加到整流器 UR 上，钳定了 I_{f} 的大小。虽然电流互感器 TA

副边也接到 UR 上，但不能改变 UR 上的电压大小。从等值电路图上也可以看到 $X_{LC} = 0$ 时，电流源被短路，无法作用于 R_f。综上所述，电抗器 LC 是实现复励（compounding excitation）作用的必要条件，通常称电抗器 LC 为"复励阻抗"。

当 $X_{LC} \gg R_f$ 时，式（4-7）可改写成简明形式：

$$\dot{I}_f = \frac{\dot{U}}{jX_{LC}} + K_i\dot{I} \qquad (4\text{-}8)$$

其中，电压分量 $\dot{I}_{fu} = \dfrac{\dot{U}}{jX_{LC}}$，表示 $\dot{I}_{fu}$ 是由端电压 $\dot{U}$ 通过电抗器 LC 移相（滞后）90° 得到的。因此，又可称电抗器 LC 为"移相电抗器"。这里"移相"是指的是移相约 90°，而不是其他角度。

如上所述，X_{LC} 的大小一旦设计确定，就不希望它在工作中变化，为此，电抗器结构上有点特别，即它虽然是一个铁芯线圈，但铁芯中保留有一段间隙，从而保证了磁路不饱和，电抗值 X_{LC} 是常数。因此，LC 又叫"线性电抗器"。

根据式（4-8），以端电压 $\dot{U}$ 作参考矢量，可以画出励磁电流 $\dot{I}_f$ 的矢量图，如图 4-9 所示。负载电流 $\dot{I}$ 通常呈感性，滞后 $\dot{U}$ 矢量 φ 角，相复励装置的电压分量 $\dot{I}_{fu}$ 滞后 $\dot{U}$ 90°，电流分量 $\dot{I}_{fi}$ 与负载电流同方向，总励磁电流 $\dot{I}_f$ 则由 $\dot{I}_{fu}$ 和 $\dot{I}_{fi}$ 矢量相加得到。

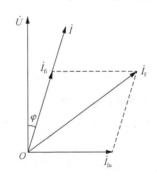

图 4-9　相复励系统励磁电流矢量图

通过矢量图可以清楚看出相复励的作用。

（1）复励作用。若负载电流由 $\dot{I}_1$ 变化为 $\dot{I}_2$，如图 4-10 所示，电流幅值增大引起去磁的电枢反应加剧，使发电机端电压有下降的趋势。但 $\dot{I}_{fi} = K_i\dot{I}$，励磁电流随负载电流的变化变成了 $\dot{I}_{fi2}$，也增大了，从而总励磁电流的幅值也增大了，它使发电机电势增大，导致端电压有升高的趋势。两种趋势互相抵消，最终使端电压保持基本不变。

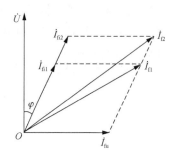

图 4-10　复励作用

（2）相位补偿作用。相位补偿作用如图 4-11 所示。负载电流发生了变化，虽然其大小未变，但 φ 角变大，电枢反应的去磁作用加大，使发电机端电压有下降的趋势。另外，虽然电流分量的大小未变，但 $\dot{I}_{fi}$ 和 $\dot{I}_{fu}$ 的夹角变大了，从而合成的总励磁电流也增大了，使端电压有上升的趋势。两种趋势互相抵消，使端电压保持基本不变。

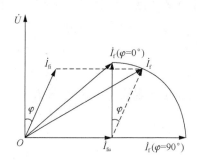

图 4-11　相位补偿作用

通常功率因数角 φ 的变化范围为滞后 $0° \sim 90°$。这也是电流分量 $\dot{I}_{fi}$ 的变化范围，可以得到合成的总励磁电流 $\dot{I}_{f}$ 的矢端轨迹如图 4-11 所示，它是一个四分之一的圆弧（在负载电流 $\dot{I}$ 大小不变的情况下得到）。

电压分量是由端电压 $\dot{U}$ 和电抗器 X_{LC} 决定的一个电流量，由于相复励作用，可以认为 $\dot{U}$ 的大小基本不变，而且 $X_{LC} \gg R_{f}$，所以，电压分量可看作一个恒流，即由电流源提供的一个电流。加上电流分量也由电流源提供，所以，总的励磁电流是由电流源提供的，这就决定了对这种励磁电流的附加调节方式只能是调节分流的形式，如图 4-4 中 R_{p}。

4.2.2　电磁相加相复励装置

在电流相加相复励装置中，发电机端电压是直接加到励磁回路上的。由于回路中有碳刷滑环结构，易产生电火花，限制了励磁电流和电压的大小。实际发电机的励磁电压一般为几十伏到一百多伏，所以，图 4-4 所示的原理还不实用。改进的办法：一是端电压经降压变压器后接复励阻抗，这样一来，增加了一个铁磁元件；二是由发电机电枢绕组抽头接复励阻抗，这样也可以达到降低电压的目的，不过发电机结构变特殊了，不适用于普通型发电机；三是考虑电压分量经一个电流互感器再送到整流器 UR 处，从而可以隔离发电机端电压，进而再考虑输出电压分量和电流分量的两个电流互感器合二为一。根据这一思路，就产生了电磁相加相复励，如图 4-12 所示。从结构上看，复励阻抗、整流器与电流相加型一样，不同之处在于改用双原边电流互感器 TC，其中原边 W_3 和副边 W_2 相当于电流相加型中的 TA，而原边 W_1 和副边 W_2 构成了对电压分量的变换。W_1 称为电压绕组，W_3 称为电流绕组，副边 W_2 称为输出绕组。这种相复励又称为三绕组相复励，电流相加相复励也可相应简称为两绕组相复励。另外，图中有一组三相电容器 C，称为谐振电容器。这种电容器也可加到两绕组相复励装置中。实际装置中电容采用三角形接法，单相图中已进行星形等效变换处理，标记为 C_Y。

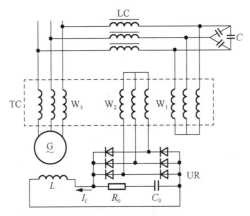

图 4-12　电磁相加相复励装置原理图

为了画出等值电路图，要对 TC 在的原边或副边进行折算。由于 TC 是双原边、单副边，因此把原边参数折算到副边顺理成章。另外，仍然把直流侧的阻抗折算到交流侧来。

设 TC 的三个绕组 W_1、W_2、W_3 的匝数分别是 n_1、n_2、n_3，$K_{12}=\dfrac{n_1}{n_2}$，$K_{32}=\dfrac{n_3}{n_2}$，折算到副边的各参数带撇号，有

$$\dot{U}'=\frac{1}{K_{12}}\dot{U}$$

$$\dot{I}'=K_{32}\dot{I}$$

$$X'_{LC}=\frac{1}{K_{12}^2}X_{LC}$$

$$X'_{CY}=\frac{1}{K_{12}^2}X_{CY}$$

得到单相等值电路图如图 4-13 所示。

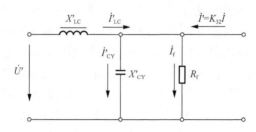

图 4-13　单相等值电路图

为了求出 R_f 上的电流 $\dot{I}_f$，仍然采用叠加原理，分别求出电压源 $\dot{U}'$、电流源 $\dot{I}'$ 单独作用时的两个分量 $\dot{I}_{fu}$ 和 $\dot{I}_{fi}$：

$$\dot{I}_{fu} = \frac{\dot{U}'}{R_f\left(1-\dfrac{X'_{LC}}{X'_{CY}}\right)+jX'_{LC}}$$

$$\dot{I}_{fi} = \frac{jX'_{LC}\dot{I}'}{R_f\left(1-\dfrac{X'_{LC}}{X'_{CY}}\right)+jX'_{LC}}$$

再经反折算，即用不带撇号的参数取代对应的带撇号的参数，得

$$\dot{I}_{fu} = \frac{K_{12}\dot{U}}{K_{12}^2 R_f\left(1-\dfrac{X_{LC}}{X_{CY}}\right)+jX_{LC}} \tag{4-9}$$

$$\dot{I}_{fi} = \frac{jX_{LC}K_{32}\dot{I}}{K_{12}^2 R_f\left(1-\dfrac{X_{LC}}{X_{CY}}\right)+jX_{LC}} \tag{4-10}$$

总励磁电流 $\dot{I}_f = \dot{I}_{fu} + \dot{I}_{fi}$。与式（4-4）相比较，可知选择适当的参数，电磁相加相复励装置就可以满足发电机恒压的要求。

当 $1-\dfrac{X_{LC}}{X_{CY}} = 0$ 或接近于 0 时，励磁电流 $\dot{I}_f$ 可写成

$$\dot{I}_f = \frac{K_{12}}{jX_{LC}}\dot{U} + K_{32}\dot{I} \tag{4-11}$$

对比式（4-8）可知，其相复励作用与电流相加相复励相同，这里不再重复。

相复励装置加上交流同步发电机组成静止型自励恒压发电机系统。对于自励型发电机

系统，我们有必要了解在发电机起动过程中，电压是如何建立起来的。就发电机而言，它的空载特性表明发电机接受某一励磁电流 I_f 的情况下所能维持某一端电压 U（即电势 E）的关系，当 I_f 由 0 变大时，端电压 U 也随之增大。注意，由于磁路饱和现象，特性曲线逐渐趋向水平，又由于磁滞现象及转子铁芯中存在剩磁，特性曲线的起点不过原点，对应 $I_f=0$ 的情况，发电机感应得到的电压称为剩磁电压。对于励磁装置而言，也有一个输出（励磁电流）特性。它表明给该装置加上一定电压后，能产生多大的输出电流。起压需要这两个特性配合。就上面讨论的相复励装置，考虑发电机空载情况，由式（4-11）得 $I_f = I_{fu} = \dfrac{K_{12}}{X_{LC}} U$。

发电机从静止开始起动，初始电压为 0，此时相复励装置没有输出电流。可见，对相复励装置而言，必须先提供电压，而这个电压就是发电机的剩磁电压。

把发电机空载特性和相复励输出特性合在一个图上看，起压过程就很好理解了，如图 4-14 所示。以剩磁电压 U_0 开始，U_0 加到相复励装置，使之输出电流，这个电流输入发电机转子，加强了转子的磁场，从而使电压上升，如此不断循环。发电机电压和励磁电流相互作用，不断增大的现象称为自激起压，即一种正反馈的作用。由于磁路的非线性，系统最终稳定于两特性的交点处。

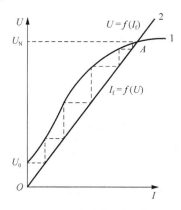

图 4-14　发电机自激起压过程

曲线 1-发电机空载特性；曲线 2-励磁装置输出特性

要实现自激起压，必须满足以下条件。

（1）有足够的剩磁且相复励输出励磁电流产生的磁场方向与剩磁方向一致。

（2）空载特性与输出特性有一个使自激过程结束的交点，该交点对应额定电压，并且是稳定的。

（3）在起压过程中（即在交点左侧），空载特性应在输出特性的上方。

对于电流相加相复励，我们得到的 I_f 的电压分量由式（4-5）表示，其中 R_f 中含有半导体整流元件的阻抗，当外加电压较小时，非线性特性明显，即呈现出较大的阻抗，使输出特性曲线上移，这就会影响到起压的成功。对于电磁相加相复励，其励磁电流表达式中也含有 R_f，但由于加入电容器 C，当满足谐振条件时，含 R_f 项不再存在，从而消除了 R_f 对起压的不利影响，保证了输出特性的线性特征。实际上，电流相加相复励也可以加上谐振电容来改善其起压性能。

谐振电容消除了 R_f 对励磁电流的影响还意味着励磁电流对温度不再敏感，即端电压受温度的影响小了，称为温度补偿作用。

相复励装置的参数调整分两步进行。

第一步，空载状态调整电压分量，使发电机起压后达到规定值。根据式（4-11）的第一项，可调整量为 X_{LC} 或 K_{12}。调 X_{LC} 时，可改变其绕组匝数进行粗调，或改变其空气隙大小进行细调。调 K_{12} 时，既可改变原边匝数 n_1，也可改变副边匝数 n_2。不过改变 n_2 时将影响 K_{32}。

第二步，负载状态调整电流分量。可调整量为 K_{32}，通常原边匝数 n_3 较少且线径较粗，实际上不可调，因此只能调副边匝数 n_2。

由于 n_2 的变化，K_{12} 也变了，所以又得回到第一步，再作调整。

调整参数时还应掌握正确的调整方向。例如，空载时电压偏低，应调小 X_{LC} 或调大 K_{12}。调小 X_{LC} 可通过减小其绕组匝数或增大其空气隙实现，调大 K_{12} 可通过增大 n_1 或减小 n_2 实现。又如，负载时电压偏低，则应调大 K_{32}，即减小 n_2。

由于发电机的外特性不是直线，也不是一根曲线，而是一组曲线，因此，负载调整时要统筹兼顾。通常静态电压变化率可达±5%以内。以上讨论的相复励虽满足了式（4-4）的要求。但仍难达到规范要求的静态电压变化率。其原因是：式（4-4）是根据隐极同步发电机的简化电势向量图得到的，且假定发电机磁路不饱和。而船用发电机多为凸极式，发电机运行在空载特性的弯曲部分。式（4-4）与实际发电机的调整特性有差别，后者是曲线族。

为了提高调压精度，有多种改进的方法。从控制原理角度看，采用端电压负反馈，与基准电压比较，获得 ΔU 信号，再用来调节励磁电流，这是一种有效的校正方法，称为"可控调节"。而以上相复励原理中并没有用 ΔU 信号，主要是根据负载电流 i 进行调节。i 属扰动信号类，其调节属"不可控"类型，调节精度也低些。

4.3　晶闸管励磁装置

从 20 世纪 60 年代起，船舶电站开始使用晶闸管励磁装置。这种装置也属于静止的自励磁类型。晶闸管励磁装置的调节器按电压偏差信号进行调节，属于可控类型，因此发电机的静态电压调整率较小，有很好的调压特性线性度。由于半导体晶闸管元件的特点，系统的动态性能比较好，装置的体积小、重量轻、成本低。

　　晶闸管励磁装置调节电压的基本原理是取发电机端电压经变压器降压或直接作为晶闸管主电路电源，同时发电机端电压经降压、整流、滤波后转换成平滑的直流电压，该电压与端电压大小成比例，通过与给定电压作比较，取得两者的偏差值，再用来控制晶闸管的移相触发电路，调节晶闸管的导通角大小，从而实现对晶闸管输出的励磁电流的调节。控制系统方块图如图 4-15 所示。其中虚线框部分为自动电压调节器（automatic voltage regulator，AVR）。关于 ΔU 信号获得环节的原理将在本章 4.4 介绍。有关可控硅整流器（silicon controlled rectifier，SCR）的部分环节请参看有关晶闸管原理的书籍。

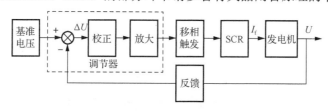

图 4-15　控制系统方块图

　　晶闸管励磁系统在船舶电站中的应用受到了限制，其原因如下。

　　（1）这种自励型发电机系统的自激起压能力差。虽然起动发电机时能获得剩磁电压，但电压较低，晶闸管包括其控制极触发电路不能正常工作，因此必须附加发电机起压辅助环节。

　　（2）当电网发生短路，电压大幅度跌落时，晶闸管励磁装置同样无法提供必要的励磁电流，更谈不上强励能力了。因此，这方面也必须有较好的附加环节来弥补其缺陷。

　　（3）晶闸管提供的励磁电流直接由发电机供给，在晶闸管触发导通瞬间会造成发电机端电压波形变形。其提供的励磁电流中也含有丰富的谐波成分，又会造成发电机端电压全周期内的变形。这些会对船上无线电通信等弱电设备带来干扰，造成电磁兼容性能较差。

　　（4）虽然晶闸管励磁装置体积小、重量轻，但元件多。很明显，若某一元件不可靠，必将影响整个装置的可靠性。

　　通过对这种典型的晶闸管励磁装置的简要介绍，对比不可控相复励装置，发现各自的优缺点有明显的互补性。因此，发展可控相复励装置就很自然了。

4.4　可控相复励原理

　　可控相复励装置是以相复励为励磁装置主体，加上根据电压偏差信号实现调节的 AVR 部分组成。相复励部分保证了发电机的自激起压及强励性能，而且动态性能好，当电压偏差尚未形成时，其装置根据负载电流的变化对励磁电流进行了补偿调整，因此其调节作用先于 AVR。但相复励调节精度不太高，仍然形成了 ΔU，此时由 AVR 发挥作用，来进一步提高调压精度。

AVR 的原理框图如图 4-15 所示，其一个重要组成部分，是获得电压偏差信号的比较环节。为了测量发电机端电压的大小，首先要把交流电压信号变换为直流信号。通常要经过降压、整流和滤波（滤波使动态性能变差）。一个典型的比较环节是比较桥路［图 4-16（a）］。其中输入电压 U_i 从 A、B 两端加到两条支路上，每条支路由电阻 R 及稳压管 W 组成。输出电压 U_{out} 由 C、D 两点引出，输入与输出构成桥路关系。设稳压管能理想地稳定于电压 U_W 处。当 $U_i<U_W$ 时，两条支路上均无电流流过，所以，电阻 R 两端等电位，此时 $U_{CD}=U_{AB}$；当 $U_i>U_W$ 时，稳压管两端电压为 U_W，可得到电压平衡关系

$$U_{AB} = U_W + U_{DC} + U_W$$

即

$$U_{CD} = 2U_W - U_{AB}$$

所以，可以得到如图 4-16（b）所示的输入-输出特性曲线。选取额定工作点在特性的下降段，如图中 U_0 对应点，设此时的 U_0 对应发电机端电压额定值，调整 AVR 对励磁电流的控制，恰好能稳定。若有扰动（如负载电流变化）使电压存在偏差 $-\Delta U$，比较桥路的输出 U_{out} 将有相反的变化 $+\Delta U$，从而调整励磁电流，使 ΔU 变小。

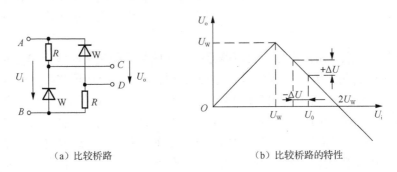

（a）比较桥路　　　　　　　　　　　（b）比较桥路的特性

图 4-16　比较桥路及其特性曲线

当 U_i 从 0 开始增大，意味着发电机端电压从 0 开始上升，即发电机处于起压状态，此时比较桥路的 U_i 和 U_{out} 呈正反馈关系，即变化方向一致，故有利于自激起压。

比较环节也有采用单稳压管的桥路形式（其他 3 个桥臂为电阻），或单稳压管单支路形式，其特性都呈现分段线性关系。

AVR 与相复励部分有多种组合形式。

1. 可控移相电抗器形式

可控移相电抗器形式如图 4-17 所示。移相电抗器的电抗值可变。由 AVR 输出的直流信号控制电抗器磁路的饱和程度，改变其电抗值，从而改变励磁电流电压分量的大小，起到校正电压的作用。

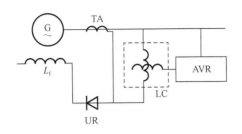

图 4-17　可控移相电抗器形式

2. 可控电流互感器形式

可控电流互感器形式如图 4-18 所示。它是三绕组交流电流互感器加上一个直流控制绕组构成的可控电流互感器。由 AVR 输出的直流信号控制互感器铁心的磁化程度，使互感器的变比发生变化（不再等于互感器的匝数比），从而改变副边输出电流即励磁电流的大小。

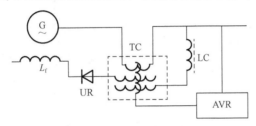

图 4-18　可控电流互感器形式

3. 可控饱和电抗器分流形式

可控饱和电抗器分流形式如图 4-19 所示。电流相加相复励输出励磁电流呈过励状态，由饱和电抗器 L_{sat} 适当分流来控制端电压恒定。AVR 输出的直流信号控制 L_{sat} 的铁心磁化程度，即控制 L_{sat} 的电抗值大小，从而改变其分流大小。

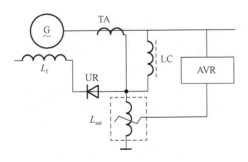

图 4-19　可控饱和电抗器分流形式

以上三种虽形式不同，但应用原理相同，即利用磁路的非线性变化的磁化特性来实现控制。

4. 晶闸管分流形式

晶闸管分流装置由电流相加或电磁相加不可控相复励装置加分流晶闸管构成，AVR 控制晶闸管的导通角，从而改变励磁电路的分流大小，以达到可控调节。其形式有交流侧分流、直流侧分流和半波分流三种，如图 4-20 所示。

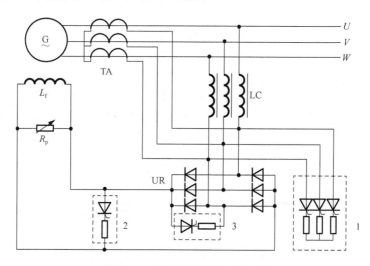

图 4-20　晶闸管分流的三种形式

1-交流侧分流；2-直流侧分流；3-半波分流

交流侧分流类似于可控饱和电抗器分流形式，所不同的是后者是连续分流且体积大、重量大，而晶闸管交流侧分流是断续分流，且应有三组控制信号分别触发三组晶闸管。晶闸管的触发控制需要同步电源，由于调节对象为交流侧的励磁电流，它本身的相位相对于端电压有一定的变化范围，因此，要求同步电源能在励磁电流相位变化时，保证有足够宽的触发脉冲移相范围。

直流侧分流只需一组晶闸管元件。因为是直流侧调节励磁电流，所以触发脉冲的同步电源也比较简单。但它也有特殊要求：晶闸管一旦被触发导通，自身无法关断，必须附加辅助关断电路。

半波分流型兼有上述两种形式的优点，既如同直流侧分流形式那样，只需一组晶闸管元件，且同步电源较简单，又如同交流侧分流形式那样，晶闸管能自然关断。

4.5　无刷励磁

20 世纪 60 年代，船舶同步发电机开始用无刷励磁方式，当今这种方式已越来越普遍。由于船舶发电机在恶劣的环境下工作，其可靠性和寿命主要取决于绝缘质量（由材料、制造工艺等决定）、轴承质量和电刷质量。直流励磁机的电刷和换向器是发电机系统的薄弱环节。由直流他励转变到自励方式是一大进步，但发电机的转子与定子之间仍有电的联系，还是采用电刷-滑环结构。电刷上磨损下来的碳粉会使电机绝缘下降，电刷部分产生的电火花会烧蚀导体，对无线电等弱电设备产生干扰。因此革除发电机的电刷结构，可以提高发电机及电力系统的工作可靠性，这就是无刷励磁的发展原因及其名称的由来。

　　无刷励磁基本思路是：把常规发电机定子、转子间的电的联系改为磁的联系。这就需要一个励磁机（exciter）与发电机相配合，如图 4-21 所示。发电机采用旋转磁场式，其转子为励磁绕组；而交流励磁机采用旋转电枢式，其定子为励磁绕组。发电机的励磁绕组和励磁机的电枢绕组固定于同一转轴上，转轴上还有整流器，称为旋转整流器，这样，转子部分自成闭合电路。励磁机的励磁电流则由发电机通过励磁调节装置提供。

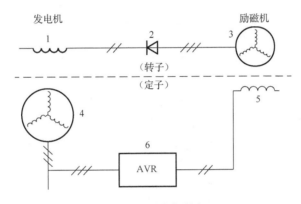

图 4-21　无刷励磁原理

1-发电机转子；2-旋转整流器；3-励磁机转子；

4-发电机定子；5-励磁机定子；6-AVR

　　这种结构形式与过去的直流他励形式的不同之处是没有换向器和碳刷滑环，称为交流他励形式。交流他励形式与自励形式的相似之处是发电机为励磁系统提供励磁电流。若我们把励磁机看成一个放大励磁电流的元件，自励形式的各种励磁调节装置仍可应用于无刷励磁方式中。最典型的就是相复励装置。由于调节装置调节对象是励磁机的励磁电流，与自励装置相比，其输出功率显著减小了。

　　由于交流励磁机的引入，励磁调节系统中增加了一个大电磁惯性的环节，系统的动态性能变差了。为了改善动态性能，可采取以下措施。

　　（1）电机采用隐极转子，减小转子漏抗，从而减小暂态电抗 X_d'，电压恢复时间较短。但制造工艺较凸极发电机复杂，要求励磁电流较大。

　　（2）在发电机转子上安装完全的阻尼绕组，使次暂态电抗 X_d'' 减小。

　　（3）适当提高交流励磁机的频率，以减小其时间常数。但磁极数太多会增加制造上的困难。

（4）采用强励性能好的励磁装置。

（5）改旋转整流器为旋转晶闸管，如图 4-22 所示。虽然仍由励磁机为发电机提供励磁电流，但励磁电流的调节回路把励磁机排除在外了，调节装置从发电机电路中取得电压、电流信号及电压偏差信号，通过旋转变压器把晶闸管需要的触发脉冲信号传到转子上。旋转变压器的电感量小，信号频率高，所以其电磁惯性比励磁机小得多。触发脉冲也可通过旋转电容器、光环等结构来传送。

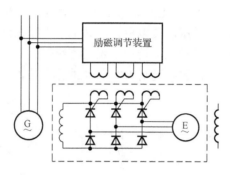

图 4-22　采用旋转晶闸管的无刷励磁

用晶闸管元件将影响发电机的起压，因此，实用装置中还必须配一台辅助励磁机［也称副励磁机（pilot exciter，EP）］，如图 4-23 所示。EP 是一个永磁式小发电机，当转子获额定转速时，其定子电枢绕组就建立额定电压，向励磁机的励磁绕组及调节装置供电，使它们正常工作，因此发电机的起压与其自身剩磁电压无关。

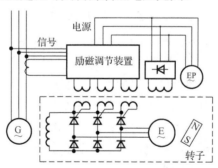

图 4-23　有 EP 的无刷励磁

无刷励磁发电机转子中的旋转整流用半导体器件，因为要承受较大的机械应力、暂态过程中的浪涌电压及强励时的过电流而成为发电机系统可靠工作的关键元件。若旋转二极管或旋转晶闸管的质量不能保证，无刷励磁提高发电机工作可靠性的优势就不复存在。随着电力电子器件制造技术和工艺的不断完善和发展，旋转整流器件的质量有了保证，无刷励磁的优越性才日益显现，应用越来越广。

图 4-24 为 1FC5 型无刷励磁装置原理图。无刷励磁部分是旋转整流器型。励磁机的励

磁电流调节装置是可控相复励形式。可控部分的 AVR 只画出框图，实际采用运算放大器的单元式结构，它控制 SCR 进行半波分流。相复励部分由电流互感器 TA、移相电抗器 LC、相复励变压器 TC 及谐振电容器 C 组成。其中电流分量由电流互感器 TA 副边引出后，以绕组抽头方式叠加到 TC 的副边 W_2。

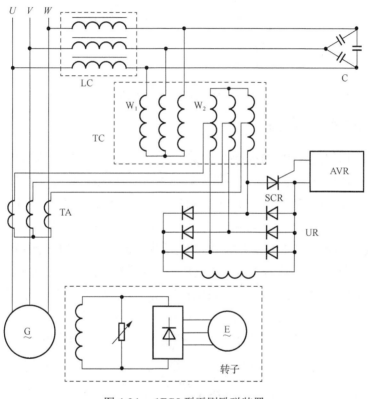

图 4-24　1FC5 型无刷励磁装置

4.6　并联运行的同步发电机之间无功功率的分配及其稳定性

发电机并联运行与单机运行时的情况不同。首先，电网电压（用母线电压表示）与各发电机端电压相等，因此每一台发电机的励磁电流的变化将影响整个电网的电压变化。另外，当负载要求的总无功功率不变时，还产生了各台发电机承担多少无功功率的问题，这个问题又可细分为：①怎样分配才是合理的或是最佳的；②分配不符合要求时，怎样转移各台发电机承担的无功，使之趋于合理；③达到合理分配状态时，能否保持下去，即分配是否稳定。这些问题均与发电机的励磁调节系统有关。因为各台发电机的电势对应各自的励磁电流，当电网电压一定而各电势不同时，在发电机之间将形成环流，这种环流基本上是无功的，从而使各发电机承担的无功功率不一致，如图 4-25 所示。

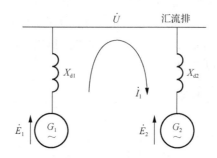

图 4-25　发电机并联工作时的环流

4.6.1　无功功率的合理分配

2022 年版中国船级社的《钢质海船入级规范》第 4 篇第 3.2.8.5 条规定，"并联运行的各交流发电机组均应能稳定运行，且当负载在总额定负载的 20%～100%范围内变化时""各机组所承担的无功负载与总无功负载按机组定额比例分配值之差，应不超过下列数值中的较小者：①最大机组额定无功功率的±10%；②最小机组额定无功功率的±25%"。

2016 年版中国船级社的《钢质内河船舶建造规范》中也有类似的要求。

总之，规范要求无功功率按发电机额定功率比例进行分配。认为这样的分配是合理的。

考虑两台同型号发电机并联运行，发电机的额定功率相同，同步电抗 X_d 相同，电枢电阻忽略不计。设两台发电机承担的有功功率相同，而电势不同，可画出矢量图，如图 4-26 所示。其中发电机端电压 $\dot{U}$ 为公共参数，电势 $\dot{E}_1$ 和 $\dot{E}_2$ 对于 $\dot{U}$ 的夹角分别为 θ_1 和 θ_2。发电机电磁功率为

$$P=m\frac{EU}{x_d}\sin\theta$$

式中，m ——相数。对于凸极发电机，上述公式近似成立。可知，当 $P_1=P_2$ 时，有关系 $E_1\sin\theta_1=E_2\sin\theta_2$。由于 $E_1>E_2$，所以 $\theta_1<\theta_2$，且可知 $\dot{E}_1$ 和 $\dot{E}_2$ 的终端连线平行于 $\dot{U}$。

因为 $\dot{E}-\dot{U}=\mathrm{j}X_d\dot{I}$ 垂直于 $\dot{I}$，所以可确定 $\dot{I}$ 的方向，又因为 $P=mUI\cos\varphi$，所以 $I_1\cos\varphi_1=I_2\cos\varphi_2$，从而又确定了 $\dot{I}$ 的大小，如图 4-26 所示。最后的结论是 $I_1\sin\varphi_1>I_2\sin\varphi_2$，即表明两发电机电势不等，则承担无功功率不等。

由图 4-26 可知，$E_1>E_2$ 时，尽管两发电机承担的有功功率相同，但 $I_1>I_2$，造成有功损耗（指铜损）增大。只有 $I_1=I_2$ 时，铜损才达最小值。另外，$I_1>I_2$ 有可能造成 G_1 发电机电流过载。这就是两台功率相同的发电机的无功要求均匀分配的原因。类似的，对不同功率的发电机，要求按比例分配无功也是这个道理。

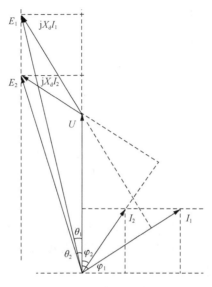

图 4-26　两台发电机的矢量图

4.6.2　无功功率的转移

根据上述分析，电势不等，则无功分配不均，电势相等，则无功分配均匀，因此要使无功功率均匀分配必须调整电势。调整电势的方法就是调节励磁电流。请注意，现在调励磁电流不希望改变电网电压，因此在减少一台发电机励磁电流的同时，必须相应地增加另一台发电机的励磁电流。换言之，这种调整需要从两个方向同时进行，单纯把电势大的发电机励磁电流调小，或单纯把电势小的发电机励磁电流调大都是不行的。另外，因电网电压不变，自动励磁调节装置是不会进行自动调整的，所以，转移无功的励磁调节是人为调节或附加装置的自动调节。

4.6.3　无功功率分配的稳定性

当并联发电机间无功分配调整合理后，能否把合理的状态保持下去，这与自动励磁调节装置的性能有很大关系。为了讨论无功分配的稳定性，首先介绍几个有关概念。

1. 发电机的调压特性

发电机的调压特性表示发电机端电压与输出无功电流之间的关系，如图 4-27 所示。它与发电机外特性有些类似，即都是电压与电流的关系，在频率不变的情况下测得。但两种特性是不同的。外特性是在励磁电流不变的情况下获得的，而调压特性是在自动励磁电流调节装置起作用的情况下获得的；外特性的横坐标是负载电流，调压特性的横坐标是无功电流 I_Q，即负载电流的无功分量。

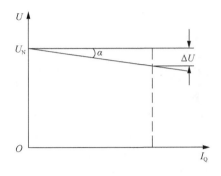

图 4-27　发电机的调压特性

2. 无差特性

无差特性是呈水平直线的调压特性，即当无功电流 I_Q 变化时，端电压变化 $\Delta U=0$ 的特性。当 I_Q 变化时，去磁的电枢反应变化，必定引起端电压的变化（单机运行时），但 $\Delta U=0$ 说明 AVR 在起作用，调节属可控类型。

3. 有差特性

有差特性是指当 I_Q 增大时，ΔU 也增大的调压特性。由于自动励磁调节装置的调节作用，ΔU 的变化虽存在，但比发电机的外特性上的 ΔU 变化要小得多。简化看，可认为有差特性是一根略向右倾斜的直线。图 4-27 所示是夸大表示。根据 2016 年版《钢质内河船舶建造规范》要求，静态电压调整率应不大于 2.5%，可知实际倾角 α 不大于 1.43°。

4. 调差系数

调差系数 K_C 是指调压特性下倾角的正切值，定义值不小于 0：

$$K_C = \frac{-\Delta U}{\Delta I_Q}$$

当把特性看作一根直线，且 U 和 I_Q 采用标幺值时，K_C 表示发电机系统的静态电压调整率：

$$K_C = \tan \alpha = \frac{\dfrac{U_N - U_{min}}{U_N}}{\dfrac{I_{QN} - 0}{I_{QN}}} = \frac{U_N - U_{min}}{U_N}$$

从公式可看出，无差特性的 $K_C=0$，有差特性的 $K_C>0$。

下面定性讨论 K_C 不同时，对两台发电机并联运行时的无功功率分配的影响。

（1）$K_{C1} > K_{C2} > 0$。

这种情况如图 4-28（a）所示。为表示清楚，把两台发电机的调压特性分别画在纵轴的两侧 [图 4-28（b）、（c）、（d）画法相同]。由于 $K_C > 0$，当无功功率负载增加时，电网电压下降。根据三角形相似关系可知，不同电压下，两台发电机承担的无功功率按比例分配，且分配稳定。所谓稳定是指根据电压或总负载量可以确定特性上的唯一工作点。

（2）$K_{C1} = K_{C2} > 0$。

如图 4-28（b）所示，从图中可知两台发电机承担的无功功率是均匀分配的，且分配稳定。

（3）$K_{C1} > K_{C2} = 0$。

这种情况如图 4-28（c）所示。由于右边特性为无差特性，把电网电压钳定了。若有差特性的起点（空载状态）与无差特性重合，那么有差特性的发电机将不能承担无功功率负载。为了使它承担一定的无功功率，就需要把有差特性抬高。即便如此，由于电网电压一定，有差特性所承担的无功功率不能变化，而负载变化时，无功功率的全部变化量由无差特性的发电机承担。这种组合虽能稳定分配，但分配是不成比例的。

（4）$K_{C1} = K_{C2} = 0$。

这种情况如图 4-28（d）所示。当两特性处于同一水平线时，无功功率的分配不成比例，且不能稳定分配，甚至分配会发生周期性变化，即形成振荡。

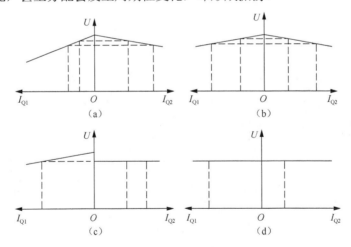

图 4-28　各种 K_C 的发电机并联时无功功率分配

4.6.4　调差环节原理

从以上讨论，我们发现单机运行时理想的无差特性在并联运行时却有不利的一面。因此，可控型自动励磁调节装置通常附加一个"调差环节"，该环节在单机运行时不用，而当发电机并联运行时，则把无差的调压特性改成有差特性，从而可使无功功率分配合理且能稳定。

图 4-29 是采用单相测量变压器的 AVR 的调差电路。调差环节由电流互感器 TA 和可调电阻 R 组成。发电机单机运行时，调节 $R=0$，该环节对 AVR 的单相电压测量回路无影响作用。电压 $\dot{U}_1$ 与 AVR 输入端电压 $\dot{U}_2$ 相等，而 $\dot{U}_1$ 正比于线电压 $\dot{U}_{CA}$。通过 AVR 的调节作用，使发电机调压特性为无差特性。

发电机并联运行时，设电网电压保持不变，即 $\dot{U}_1$ 不变。现调节 $R \neq 0$，电压 $\dot{U}_R$ 加入 AVR 的测量回路。由于

$$\left|\dot{U}_2\right| = \left|\dot{U}_1 + \dot{U}_R\right| > \left|\dot{U}_1\right|$$

AVR 产生的调节作用将使端电压下降，从而 U_1 也减少。若初始 U_1 记为 U_{10}，那么，当 $U_2 = \left|\dot{U}_1 + \dot{U}_R\right| = U_{10}$ 时，调节才停止并保持稳定。显然，此时的 $U_1 < U_{10}$，即实际上造成了电压偏差 ΔU。因此，调压特性表现为有差特性了。

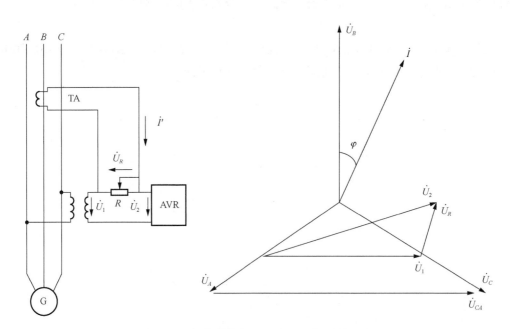

图 4-29　单相测量变压器的 AVR 的调差电路

由图 4-29 的矢量关系可知，$\dot{U}_R$ 与 B 相负载电流 $\dot{I}$ 同相位。当 R 比 AVR 输入阻抗小很多时，$U_R \approx RI'$（其中 I' 是电流互感器副边输出电流，$I' \propto I$）。当 $U_1 \gg U_R$ 时

$$U_2 \approx U_1 + U_R \sin\varphi = U_1 + RI' \sin\varphi \triangleq U_1 + KI_Q$$

这个关系表明调差作用与负载的无功电流 I_Q 有关,系数 K 与 R 及电流互感器变比有关,通常改变 R 的大小就可方便地改变调差系数的大小。当负载电流为纯有功性质时,特性基本上呈无差。

调差电路有多种形式,例如,当 AVR 采用三相测量变压器时,可用双 TA、双可调电阻的形式。调差电路又叫电流稳定装置或环流补偿装置。因为 AVR 输入电压 $\dot{U}_2$ 由电压分量 $\dot{U}_1$ 和电流分量 $\dot{U}_R$ 叠加而成,而使无差特性改为有差特性,是一种反相复励作用。调差装置以降低调压精度来换取并联运行时的无功功率稳定分配。

4.6.5　差动环流补偿电路原理

图 4-30 所示线路为差动环流补偿电路,每个机组除电流互感器 TA$_1$（或 TA$_2$）和可调电阻 R_1（或 R_2）外,还有一个差动电流互感器 TA$_3$（或 TA$_4$）。TA$_3$ 的原边接 TA$_1$ 的副边,它自身有两个副边。副边 1 与另一机组的 TA$_4$ 的副边 1 交叉连接,副边 2 经电阻 R_1 接到 AVR,如图所示。当发电机非并联运行时,至少有一个断路器 Q$_1$ 或 Q$_2$ 是断开的,因此,其常闭副触点把 TA$_3$ 和 TA$_4$ 的副边 1 都短接了,从而副边 2 无输出,发电机调压特性为无差特性。当发电机并联运行时,TA$_3$ 和 TA$_4$ 的副边 1 才被解除短路状态,补偿电路起作用。这时 R_1 或 R_2 产生的电压降 $\dot{U}_{R1}$ 或 $\dot{U}_{R2}$ 对 AVR 所起的作用类似于上述调差环节,但电阻 R_1 和 R_2 上流过的电流由 TA$_3$ 和 TA$_4$ 原边共同决定,等值电路图见图 4-31,其中忽略了互感器的磁化电流、漏抗及绕组电阻。

$$\dot{I}_{R1}=\frac{1}{2}(\dot{I}_1'-\dot{I}_2')=K(\dot{I}_1-\dot{I}_2)\triangleq K\Delta\dot{i}$$

$$\dot{I}_{R2}=\frac{1}{2}(\dot{I}_2'-\dot{I}_1')=K(\dot{I}_2-\dot{I}_1)\triangleq -K\Delta\dot{i}$$

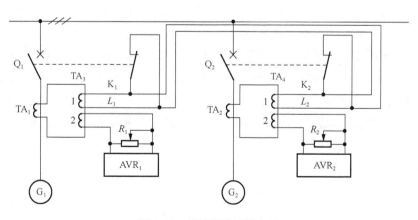

图 4-30　差动环流补偿电路

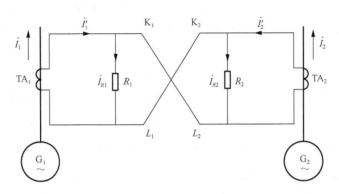

图 4-31　差动环流补偿电路的等值电路

当两台发电机负载电流完全相等时，差动电流 $I_{R1}=I_{R2}=0$，对 AVR 无影响，调压特性和发电机单机运行时相同，为无差特性。当发电机负载电流 $\dot{I}_1$ 和 $\dot{I}_2$ 不等时，那么，$I_{R1}-I_{R2}\neq0$，两者幅值相等而相位相反。$1^{\#}$机的 AVR 输入信号 U_{21} 增大，其作用将使 $1^{\#}$机励磁电流减小；$2^{\#}$机的 AVR 输入信号 U_{22} 减小，其作用将使 $2^{\#}$机励磁电流增大。由于 AVR 输入信号变化的幅值相同，方向相反，所以在两机组励磁系统性能一致的情况下，两励磁电流变化的大小相同，方向相反。这就是一种保持电网电压不变、转移无功功率的自动操作过程。当无功功率平衡，即 $I_1\sin\varphi_1=I_2\sin\varphi_2$ 时，补偿电路不再起作用。

综上所述，采用差动环流补偿电路以后，可以自动调整发电机组无功功率均匀分配，且在调整过程中及调整后均保持调压特性为无差特性。

4.6.6　均压线

对于调压特性是有差特性的发电机系统来说，发电机并联运行时可以做到无功功率的合理分配及稳定分配。但实际的系统，如不可控相复励发电机，由于励磁系统的非线性，调节的不可控性，其调压特性不能做到线性下降，而且由于不同机组存在差异性等原因，无功功率的分配问题受到影响。一般常用的解决办法是连均压线。相同容量的发电机并联时，通过均压线的连接，强制各发电机的励磁绕组两端电压相等，从而保证励磁电流、发电机电势相等，无功功率均匀分配。最直接最常用的是直流侧均压线法，如图 4-32 的上半部分所示。这种方法又称为转子均压线法，此处"转子"是指励磁绕组，均压线实际接在定子侧。规范要求这种均压线的截面积应不小于励磁回路导线截面积的 50%。当两台发电机容量不同时，励磁绕组工作电压也不一致，这时可加接一个电位器 W，找到等电位点，再连均压线，如图 4-32 的下半部分所示。

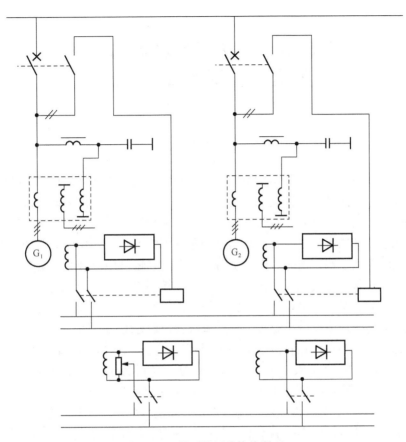

图 4-32　转子均压线接线原理

除此之外，还有在励磁电流的交流侧连均压线的方法。

直流均压线有明显的效果，但不能进行转移无功功率的操作，因此，为了在转移无功功率和稳定无功功率分配这两种状态之间进行转换，需要设计相应的转换控制电路。

第5章 船舶同步发电机频率及有功功率的自动调整

5.1 概 述

船舶电站负载发生变化，如电动机起动、停车等，而发电机原动机（如柴油机）油门尚未来得及变化，使原动机的驱动功率与发电机组负载功率的平衡关系被破坏，引起发电机组转速的变化，而使电网频率发生变化。当电网频率降低时，由于异步电动机的转速下降，轴上输出功率和效率降低。在电动机电压不变的情况下，磁化电流增加会引起铁芯和绕组发热。当频率高于额定值时，电动机转速升高，其输出功率增加，使电动机过载。

由于原动机是按额定转速发出最大功率和最高效率设计的，当转速变化时，就会导致原动机效率降低并使其零件磨损加剧。几台发电机并联运行时，频率波动会引起各机组有功负载分配不均匀，造成有的机组过载，严重时稳定运行受到破坏。

为了保证船舶电力系统运行的可靠性和经济性，运行中对原动机转速即发电机频率的调整是十分重要的。2022年版中国船级社的《钢质海船入级规范》第3篇第9.7.10.1条规定："带动发电机的柴油机须装有调速器，其调速特性应符合下列规定：当加上或卸去最大梯级负荷时，电网的瞬时频率变化应不超过额定频率的±10%，恢复到稳态的时间不超过5s。当突然卸去额定负荷时，如不影响本节9.7.10.3规定的超速装置的要求，瞬时转速变化可超过额定转速的10%。空载和额定负荷之间的各种负荷条件下，稳定后的转速变化均不超过额定转速的±5%。"第9.7.10.3条规定："额定功率大于等于220kW的带动发电机的柴油机，除装有本节9.7.10.1所述的调速器外，还应装有单独的超速保护装置，以防止柴油机转速超过额定转速的115%。"这些对原动机调速性能的要求使电力系统的频率波动也在上述的范围之内，如图5-1所示。

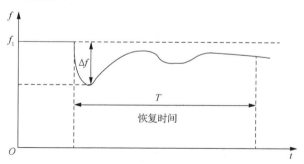

图 5-1 动态调速特性

发电机输出的有功功率是由原动机的机械功率转化来的，随着负荷的变化需要经常调整原动机的转速，以保持电网频率的恒定。对并联运行的发电机，改变发电机间的有功功率分配是通过改变各台发电机原动机的油门的大小（对柴油发电机组），即单位时间内进入气缸的燃油量来实现的。柴油机喷油量的大小关系到柴油机在一定转速下的输出功率。换句话说，单机运行时，发电机的某一转速（频率）对应输出某一有功功率；对并联运行的发电机，某一频率对应着各发电机输出的功率。所以，并联机组有功功率分配与电力系统频率调整联系密切。

同容量、同型号发电机并联运行时，应将系统的总负荷（包括有功功率和无功功率）平均分配给参与运行的各台机组；当不同容量的发电机并联运行时，则将系统的总负荷按各台发电机容量成比例地分配给运行的发电机，以增强并联运行的稳定性和经济性。

2022 年版中国船级社的《钢质海船入级规范》第 4 篇第 3.2.8.5 条规定，"并联运行的各交流发电机组均应能稳定运行，且当负载在总额定负载的 20%～100%范围内变化时""各机组所承担的有功负载与总负载按机组定额比例分配值之差，应不超过下列数值中的较小者：①最大机组额定有功功率的±15%。②各个机组额定有功功率的±25%"。

在船舶电力系统中，频率的调整及有功功率分配依赖于原动机的调速器的调节。在各原动机调速特性相差较大或者不稳定时，为了减轻船员的劳动强度、提高供电的质量，可增加自动频载装置（简称频载调节器）。

当柴油发电机组输出功率变化时，依靠柴油机调速器的固有特性自动改变油门的开度，实现频率与机组间功率的分配及平衡的过程，称为频率的一次调节。通过手动或自动频载调节器，控制伺服电动机的正反转，改变调速器弹簧的压力，使调速特性上下平移，实现频率和机组功率的分配的调节过程，称为频率的二次调节。

5.2　调速器作用原理和特性

调速器是根据实际转速与给定值之间的偏差，对转速实行调整的自动调整器。调速器的种类很多，现以柴油机常用的离心式调速器和电子调速器为例，分别说明其工作原理和特性。

5.2.1　离心式调速器原理

离心式调速器原理如图 5-2 所示。调速器的竖轴 1 通过齿轮传动装置与柴油机 9 的轴连接。当柴油机转动时，轴 1 带动离心飞锤 2 一起转动。飞锤 2 与杠杆系统连接器 3 连接在一起，穿过连接器的套筒 4 把弹簧 5 压在连接器上。改变套筒 4 的高度就改变了弹簧 5 的长度，相应于调节弹簧对连接器的压力，所以套筒的弹簧是一个转速整定装置。在套筒位置不变、弹簧压力一定的情况下，柴油机转速越高，飞锤的离心力越大，连接器的位置越高；反之，转速越低，连接器位置就越低。因此，柴油机的转速与连接器的位置一一对应。

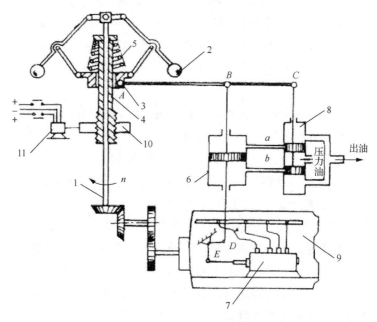

图 5-2　离心式调速器原理

连接器 3 上固定着滑动杠杆 ABC，杠杆的 B 端接在油压缸 6 的活塞上，活塞的另一头通过直角杠杆 DE 接到控制燃油泵 7 的阀门拉杆上，ABC 杠杆的另一头 C 与配压阀 8 的活塞相接。当柴油机转速正常时，配压阀的活塞堵住了管 a 和管 b 的通道，因此高压油不能进入油压缸 6，油压缸活塞不会移动，柴油机燃油的输入量不会改变。只要配压阀活塞（即 C 点）保持不变，柴油机就在给定的转速下运行。10 为蜗轮蜗杆，11 为伺服电动机。

5.2.2　电子调速器原理

电子调速器是利用电磁感应作用接收转速信号，并通过电子系统将电信号转换为机械作用来调节喷油泵供油量大小，以控制柴油机在稳定转速下运行。电子调速器主要由转速传感器、控制器、执行器和转速调整电位器等组成，如图 5-3 所示。

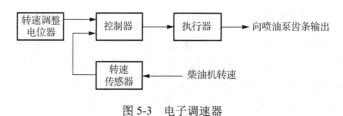

图 5-3　电子调速器

工作时，通过转速调整电位器来设定柴油机所需转速。而由转速传感器测得柴油机的实际转速，通过导线将传感器所测转速信号送至控制器，由控制器将柴油机实际转速与电位器的设定转速相比较，所得差值由控制器处理，处理结果输入执行器，由执行器将电信号转化为机械作用，通过输出轴来驱动喷油泵齿杆移动，以调节柴油机供油量，从而保持柴油机稳定运转。

转速传感器是由一个装在线圈内的磁棒构成，装在柴油机飞轮齿圈外缘处。当磁棒顶端与飞轮齿圈轮齿间产生相对运动时，使线圈感应发出交变脉冲电压信号，其频率与柴油机转速成正比，即

$$f = \frac{nz}{60} \tag{5-1}$$

式中，f——频率；

$\quad\ n$ ——柴油机转速；

$\quad\ z$ ——齿圈的齿数。

控制器采用模拟控制系统。来自转速传感器的交流电压信号经频率/电压转换器转换成与柴油机转速成正比的直流电压信号，输送到控制部件中。同时，由转速调整电位器给定的电压信号也输送到控制部件中。转速控制部件把直流测速电压信号与给定转速的电压信号相比较，将其差值转换成控制执行器动作的控制电流，通过执行器调节喷油泵的供油量，从而控制柴油机的转速。

执行器的功用是将控制器传来的电信号转换成与输入信号成比例的输出轴位移，用以控制喷油泵调节齿杆。执行器主要由直流电机、传动齿轮、反馈部件和输出轴等组成。工作时，执行器接收控制器传来的信号后，由反馈部件控制直流电机运转，又通过传动齿轮驱动输出轴转动。输出轴外伸端装有摇臂，通过连接杆带动喷油泵齿杆移动。

转速调整电位器的功用是设定所需控制的转速。通过其旋钮进行调节：顺时针方向旋转为加速，反之为减速。

电子调速器动作灵敏，响应速度快，响应时间只有液压调速器的 1/10～1/2，动态和静态精度很高，无调速器驱动机构，装置简单安装方便，便于实现遥控和自动控制，是 20 世纪 60 年代发展起来的精密调速器。

双脉冲调速器是在电子调速器的基础上加上负载调节器和测功元件发展起来的，其中测功元件用于检测柴油机负载的变化情况，因其采用转速和负载双重感受信号而得名。在双脉冲调速器中，负载和速度脉冲通过合成后对喷油泵齿杆进行共同调节，以控制柴油机在恒定转速下运行。这种调节方式具有较高的调节精度，适用于对供电要求特别高的柴油发电机组。

柴油机双脉冲调速系统原理图如图 5-4 所示。柴油机双脉冲调速系统由柴油机、发电机、双脉冲调速器、测功元件、喷油泵和供油机构组成。在双脉冲调节中，负载调节器的

调节动作要比速度调节器快得多。柴油机供油机构的移动主要取决于负载调节器；而速度调节器的作用主要是对负载调速进行校正，保证柴油机稳定地调到所需速度工况。

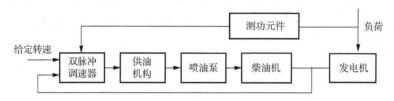

图 5-4 柴油机双脉冲调速系统原理图

柴油机双脉冲调速系统的工作原理需保证调速系统三个基本功能的实现：①负荷增加，发电机阻力矩增大，转速下降，实现减速增油调节动作；②负荷减少，发电机阻力矩减少，转速升高，实现增速减油调节动作；③负荷不变，发电机阻力矩与柴油机主力矩保持平衡，转速不变，供油维持不变。

5.2.3 调速器特性

在新的稳定平衡状态下，柴油机承担负荷增大，进油量也增加，但转速却下降了，这种调速器的调速特性（即柴油机的转速 n 或频率 f 与柴油机输出功率的关系）称为有差调速特性（图 5-5 曲线 2）；反之，当柴油机负荷较少时，调速器动作过程与此相反。

如果转速（或频率）与输出功率大小无关，则称为无差调速特性（图 5-5 曲线 1）。一种经放大器间接作用于油门的调速系统，具有这种无差特性。

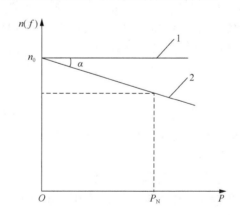

图 5-5 调速特性

调速特性一般用调差系数 K_C 来表示：

$$K_C = -\frac{\Delta n}{\Delta P} = -\frac{\Delta f}{\Delta P} = \frac{n_0 - n_N}{P_N} = \tan \alpha \tag{5-2}$$

式中，$\tan\alpha$ ——调速特性斜率；

　　n、P ——标幺值。

5.2.4　单机运行时频率调整

当柴油机输出功率变化时，依靠调速器的固有调速特性自动改变油门的开度，实现转速与功率平衡的调节过程通常称为转速（频率）的一次调节。

对有差调速特性的调速器来说，功率变化时仅靠调速器的一次调节不能维持频率不变，为此必须进行二次调节。

调速器二次调节是经由图 5-2 中套筒 4 通过蜗轮蜗杆 10 由伺服电动机 11 进行控制的。接通电源，转动伺服电动机 11，便可以改变套筒 4 的上下位置，亦即改变弹簧对连接器压力的大小，就可实现调速特性上下平移（图 5-6 的曲线 1、2、3）。如柴油机负荷 P_1 不变，对应转速 n_1 通过正向或反向转动伺服电动机 11，调速特性上移或下移，可使柴油机的转速上升到 n_2 或下降到 n_3。伺服电动机的控制可以是手动也可以是自动。

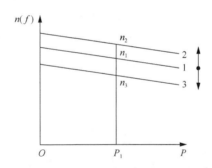

图 5-6　弹簧压力改变使调速特性平移

下面讨论单机运动时手动调频的情况。假设当发电机运行于特性曲线 1 时，负载功率为 P_0，此时频率为额定值 f_N，如图 5-7 中的 A 点。若负载增加到 P_1，在调速器作用下，机组将沿特性曲线 1 中的 A 点变化到 B 点，这时，对应的频率将为 f_1（$< f_N$），为了保持频率额定通过二次调节，增加调速器弹簧的预紧力，加大油门，将特性平移抬高到特性曲线 2。当机组频率还没有来得及改变时，其频率仍为 f_1，但这时已运行于特性曲线 2 上的 C 点，对应于机组输出功率为 P_2，而 $P_2 > P_1$，剩余的功率使机组加速（沿特性曲线 2），即频率由 f_1 上升，剩余功率逐渐减少，最后将达到功率平衡点 D，对应于频率 f_N 和 P_1'（因频率上升使负载从电网吸收的总功率也增加，$P_1' > P_1$）。

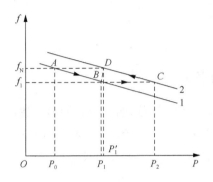

图 5-7 单机运行频率的调整

5.3 并联运行的同步发电机之间有功功率的分配

当 n 台发电机组并联运行时，各机组的频率都是相同的。有功功率的分配取决于各机组的调速特性。如两台发电机并联运行的频率为 f_1，1 号机和 2 号机分别承担的功率为 P_1 和 P_2（图 5-8）。当系统总功率增加 ΔP 时，系统频率下降至 f_2，1 号机和 2 号机分别承担的功率为 P_1' 和 P_2'。由式（5-2），1 号机组的功率增量为

$$\Delta P_1 = -\frac{\Delta f}{K_{C1}} \qquad (5\text{-}3)$$

2 号机组的功率增量为

$$\Delta P_2 = -\frac{\Delta f}{K_{C2}} \qquad (5\text{-}4)$$

式中，K_{C1}、K_{C2}——1 号机和 2 号机的调差系数；

Δf——频率的变化量。

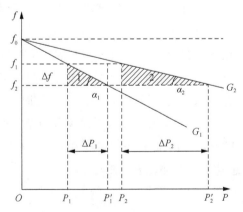

图 5-8 两台有差调整特性机组并联运行

将式（5-3）和式（5-4）的左边和右边部分相加后得

$$\Delta P = \Delta P_1 + \Delta P_2 = -\left(\frac{\Delta f}{K_{C1}} + \frac{\Delta f}{K_{C2}}\right) = \frac{-\Delta f}{\dfrac{1}{\dfrac{1}{K_{C1}} + \dfrac{1}{K_{C2}}}} = \frac{-\Delta f}{K_P} \quad (5\text{-}5)$$

或

$$\Delta f = -K_P \cdot \Delta P \quad (5\text{-}6)$$

式中，$K_P = \dfrac{1}{\dfrac{1}{K_{C1}} + \dfrac{1}{K_{C2}}}$——并联系统的平均调差系数。

各机组的功率增量为

$$\Delta P_1 = \Delta P \cdot \frac{K_P}{K_{C1}} \quad (5\text{-}7)$$

$$\Delta P_2 = \Delta P \cdot \frac{K_P}{K_{C2}} \quad (5\text{-}8)$$

可见，当系统负荷发生 ΔP 变化时，将引起系统频率变化 Δf，各机组功率的变化量与 ΔP 成正比，与各自的 K_C 成反比。上述实例采用带有差调速特性的机组并联来实现功率分配和稳定电网频率的方法，称为有差调节法。这种方法在船舶上应用最多。

船舶上多采用同容量、同型号的机组并联运行，调速器的型号亦相同，即应使各机组的调差系数相同，$K_{C1} = K_{C2} = \cdots = K_{Cn}$。

上例中，若 $K_{C1} = K_{C2}$，有

$$\Delta P_1 = \frac{\Delta P}{K_C \cdot \dfrac{2}{K_C}} = \frac{\Delta P}{2} \quad (5\text{-}9)$$

$$\Delta P_2 = \frac{\Delta P}{K_C \cdot \dfrac{2}{K_C}} = \frac{\Delta P}{2} \quad (5\text{-}10)$$

可以看出，有差调节法能均分系统的负荷变化量。

实际上，当调速器的调差系数不可调时，很难满足完全一致。另外，由于调速器结构中的间隙，调速器有失灵区，其调速特性并不是一条理想的直线，而是一条宽带，如图 5-9 所示，此时功率分配仍可能不均匀。所以，两台具有相同调速特性的发电机组并联运行，功率分配不可能做到完全均匀。

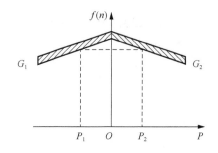

图 5-9　调速器的失灵区

如果两台机组的调速特性不完全一致，调速特性硬的（调差系数小的）负担功率较大，显然若其中一台机组为无差调速特性，那么它将负担全部增加的负载。

因此，从功率分配的角度来看，调速特性的斜率（调差系数）K_C 越大，其分配的误差越小，但当系统负荷波动时，频率的波动越大。而从频率稳定的角度来看，要求调速特性的斜率 K_C 越小越好，两者存在着矛盾。采用自动频载调节装置能比较理想地解决这一矛盾，既能使系统频率稳定在给定的范围内，又能使功率分配误差尽量缩小。

一般说来，若调速器选配恰当，在调速器自动调节（一次调节）下，功率分配的静态误差和频率的静态误差不会太大，否则就加装自动频载调节装置进行二次调节。加装自动频载调节装置后，一般只要求功率分配之差在各发电机额定容量的±10%以内，频率差在±0.5Hz 之内。否则，静态指标要求过高，调节变得过分频繁，对伺服机构不利。

5.4　自动频载调节装置原理

频率及有功功率自动调整装置（简称自动频载调节装置），是协助原动机调速器自动地维持电网频率为额定值，以及并联运行发电机之间的有功功率均衡分配的一种自动调整装置。同时可以与自动并车装置配合，完成待并联发电机的频率调节，创造同步合闸的条件，在同步并联后使运行机组负荷自动转移。有机组需解列时，也能自动进行负荷的转移。这时可称为自动并联运行控制器。

自动频载调节装置的输出信号是作用于调速器的伺服电动机运转，即对原动机调速器的预紧弹簧压力进行微量的调节（调速特性上下平移），以求得频率的调整和机组的有功功率分配。为了不打扰调速器的正常工作，在负载突变的动态过程中，自动频载调节装置不宜介入。当动态过程结束、系统稳定后，自动频载调节装置再对系统频率和功率分配出现的静差进行校正。一般采用延时使自动频载调节装置避开动态过程。

自动频载调节装置通常作为船舶电站自动化装置的一个组成部分。自动频载调节装置线路很多，但主要由频率变换器（测频器）、功率变换器和调整器三部分组成。在有些装置中增加了有功功率分配运算电路。

5.4.1　自动频载调节装置的组成

1. 频率变换器

频率变换器用来测量电网的频率，并把频率与额定值之差变换为一直流电压信号送给调整器，其特性如图 5-10 所示。

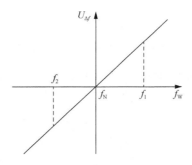

图 5-10　频率变换器特性

其特性可表示为

$$U_{\Delta f} = K_f \cdot \Delta f = K_f(f_{sh} - f_N)$$

式中，$U_{\Delta f}$——频率变换器输出直流电压；

　　　K_f——频率变换系数；

　　　f_{sh}——电网实际频率；

　　　f_N——电网额定频率。

下面介绍两种类型的频率变换器。

（1）谐振式频率变换器。谐振式频率变换器如图 5-11 所示，在变压器原边 AB 端接电网电压（经电压互感器得到）u_W 后，其副边有两个绕组分别供电给两个 RLC 电路。选择 L_1、C_1，使第一个回路的谐振频率为

$$f_1 = \frac{1}{2\pi\sqrt{L_1 C_1}} = 55\text{Hz}$$

选择 L_2、C_2，使第二个回路的谐振频率为

$$f_2 = \frac{1}{2\pi\sqrt{L_2 C_2}} = 45\text{Hz}$$

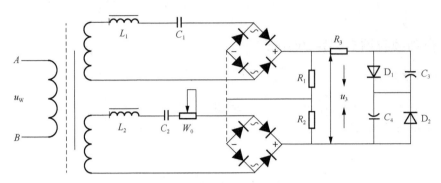

图 5-11 谐振式频率变换器原理图

由图 5-12 看出，谐振曲线 1 为频率与 R_1 上电压 u_1 的关系曲线，谐振曲线 2 为频率与 R_2 上电压 u_2 的关系曲线。电压 u_1、u_2 是谐振电流经整流后的电压，两者方向相反，合成输出电压 $u_3 = u_1 - u_2$，如图 5-12 曲线 3。当频率为 50Hz 时，$u_3 = 0$；当频率高于 50Hz 时，$u_3 > 0$；当频率低于 50Hz 时，$u_3 < 0$。电位器 W_0 供调整零位用，即 $f = 50$Hz 时，$u_3 = 0$。由于这种电路的输出是取自整流后的差值，所以受输入电压的波动及温度的影响小。

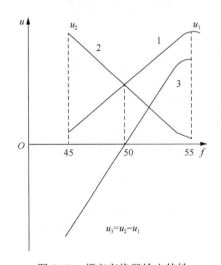

图 5-12 频率变换器输出特性

（2）基于波形变换的频率变换器。将频率为 f 的正弦波电压经波形变换器变成方波。方波的频率与正弦波频率相同，即其周期 $T=1/f$。方波的正负幅值固定为 E_0（图 5-13）。方波的负半周为一常数，不论输入的正弦波电压是否变化，方波的负半周宽度恒为

$$T_0 = \frac{1}{2f_N} = \frac{1}{2}T_N$$

92

式中，f_N——额定频率；

T_N——额定频率对应的周期。

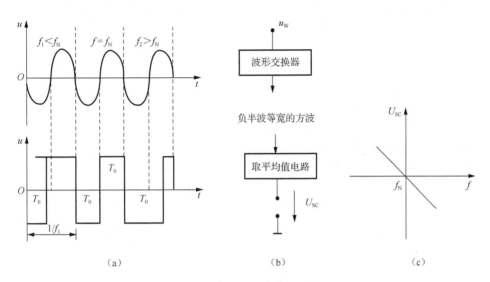

图 5-13　频率变换器原理示意图

变换后的方波经 "取平均值电路" 后输出 U_{SC} 信号。

（1）当 $f = f_N$ 时，方波的正、负半波幅值宽度相等，平均值为零，即 $U_{SC} = 0$；

（2）当 $f < f_N$ 时，$U_{SC} > 0$；

（3）当 $f > f_N$ 时，$U_{SC} < 0$。

设输入信号的频率为 f，则取平均值电路的输出为

$$U_{SC} = \frac{1}{\frac{1}{f}}\left[-E_0 T_0 + E_0\left(\frac{1}{f} - T_0\right)\right]$$

将 $T_0 = \dfrac{1}{2f_N}$ 代入上式，经整理后得

$$U_{SC} = \frac{-E_0}{f_N}\Delta f = \frac{-E_0}{f_N}(f - f_N)$$

从上式可看出，输出只与电网电压的频率差成正比，而与电压的大小无关。其输入输出特性如图 5-13（c）所示。

2. 功率变换器（测功器）

功率变换器用来测量发电机输出的有功功率，并将测得的有功功率值变换成与之成正比的直流电压信号。即

$$U_P = K_P \cdot P$$

式中，U_P——功率变换器输出直流电压；

K_P——功率变换系数；

P——发电机实际输出的有功功率。

其原理与输入-输出特性如图 5-14 所示。

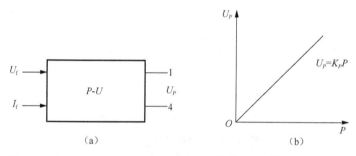

图 5-14 功率变换器原理及其特性

下面介绍两种功率变换器的线路。

（1）根据相敏原理构成的功率变换器之一。图 5-15 中，发电机电压 U_{BC} 经电压互感器 TV 接入，且 $U_1=U_2$。发电机电流经两级电流互感器 TA_B、TA_C、TA'_B 和 TA'_C 接入，在 TA'_B 和 TA'_C 副边接成差接，则有 $I_{bc} = \dfrac{1}{K_i}(I_B - I_C)$，其中 K_i 为变比系数，等于两级电流互感器变比系数的乘积。电流 I_{bc} 在电阻 R_M 上产生的压降为 U_I，U_I 正比于 I_{bc}。根据相敏电路原理可得出如图 5-16 所示的矢量图。

从矢量图可得

$$U_3 = \sqrt{U_1^2 + U_I^2 + 2U_1 U_I \cos\varphi}$$

$$U_4 = \sqrt{U_2^2 + U_I^2 - 2U_2 U_I \cos\varphi}$$

或

$$U_4 = \sqrt{U_1^2 + U_I^2 - 2U_1 U_I \cos\varphi}$$

式中，φ——电压 U_1 与 U_I 之间的相位差，或发电机电压 U_{BC} 与电流 I_{bc} 之间的相位差。

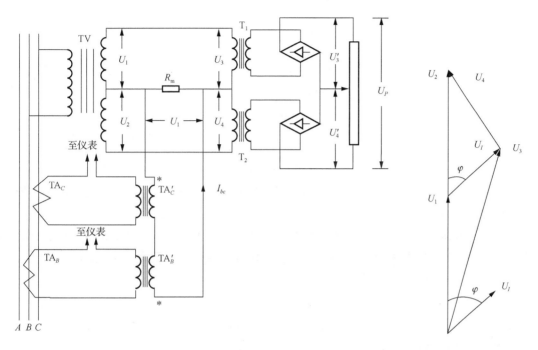

图 5-15　功率变换器线路原理图　　　　图 5-16　功率变换器矢量图

U_3、U_4 的表达式还可以改写成

$$U_3 = \sqrt{U_1^2 + U_I^2\cos^2\varphi + 2U_1U_I\cos\varphi + U_I^2 - U_I^2\cos^2\varphi}$$
$$= \sqrt{(U_1 + U_I\cos\varphi)^2 + U_I^2 - U_I^2\cos^2\varphi}$$
$$U_4 = \sqrt{(U_1 - U_I\cos\varphi)^2 + U_I^2 - U_I^2\cos^2\varphi}$$

如果取电压之间的关系为 $U_1 \gg U_I$，则 $U_I^2 - U_I^2\cos^2\varphi$ 可忽略不计，于是有

$$U_3 = U_1 + U_I\cos\varphi$$
$$U_4 = U_1 - U_I\cos\varphi$$

分别经过变压和整流后得

$$U_3' = K'U_3$$
$$U_4' = K'U_4$$

式中，K'——整流系数和变比系数的乘积。

测量机构输出端的电压为 U_p：

$$U_p = U_3' - U_4' = K'(U_3 - U_4) = 2K'U_I \cos\varphi$$
$$= KI_{BC} \cos\varphi = KI \cos\varphi \qquad (5\text{-}11)$$

另外，发电机有功功率 P 的表达式为

$$P = \sqrt{3}UI \cos\varphi \qquad (5\text{-}12)$$

当电压为定值时，

$$P = \sqrt{3}UI \cos\varphi = K_P I \cos\varphi \qquad (5\text{-}13)$$

比较式（5-11）与式（5-13），可以看出有功功率变换器的输出电压 U_p 与发电机输出的有功功率成正比。

（2）根据相敏原理构成的功率变换器之二。功率变换器的单相原理图如图 5-17 所示。它由一个结成桥路的二极管开关电路和一个取平均值电路组成。下面分析其工作原理。

设发电机相电压为 $\dot{U}$，负载相电流为 $\dot{I}$，功率因数为 φ（感性），则有

$$u = \sqrt{2}U \sin\omega t$$
$$i = \sqrt{2}I \sin(\omega t - \varphi)$$

电阻 R 两端的电压 U_i 正比于电流 i，

$$U_i = K\sqrt{2}I \sin(\omega t - \varphi)$$

式中，K——比例系数，其值等于电流互感器的变比与电阻 R 的乘积。

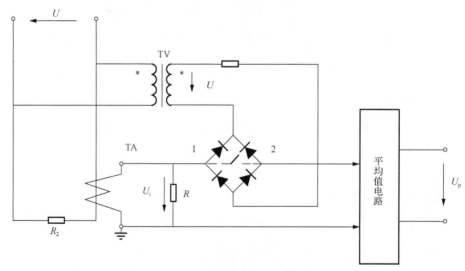

图 5-17　功率变换器的单相原理图

TA 为电流互感器；TV 为电压互感器

设送到取平均值电路的电压为 U_p，并令 $U \gg U_i$，当电压 U 为正值的半周中，4 个二极管均导通，若每个管子压降均相等，则 1、2 两点为同位点，相当于图 5-17 中虚线所示的"开关"被接通，在这期间，U_i 能通过"开关"到达取平均值电路，且有

$$U_p = U_i = K\sqrt{2}I\sin(\omega t - \varphi)$$

当 U 为负值的半周中，4 个二极管均反向截止，相当于 1、2 点间的开关断开，U_i 过不去，故 $U_p = 0$。

在电压 U 变化的一个周期中，取平均值电路输出信号为

$$
\begin{aligned}
U_p &= \frac{1}{2\pi}\int_0^{2\pi} U_P \mathrm{d}\omega t \\
&= \frac{1}{2\pi}\left[\int_0^{\pi} K\sqrt{2}I\sin(\omega t - \varphi)\mathrm{d}\omega t + \int_{\pi}^{2\pi} 0\mathrm{d}\omega t\right] \\
&= \frac{\sqrt{2}}{\pi}KI\cos\varphi
\end{aligned}
$$

可见，功率变换器输出信号 U_p 与发电机有功电流 $I\cos\varphi$ 成正比，即与有功功率成正比。

一般用两套如图 5-17 所示的电路组成三相功率测量装置。每台发电机需要配置一个频率变换器。

3. 调整器

调整器又称执行元件，它是根据功率差与频率差综合信号，或运算环节送入信号的极性和大小，变换成相应的脉冲调整信号，作用到调速器的伺服电动机进行二次调节，实现频率和有功功率的自动调节。图 5-18 为调整器方框图。

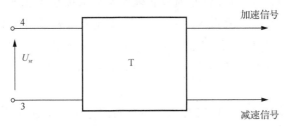

图 5-18　调整器方框图

当输入到调整器的频率差与功率差综合信号 U_{sr} 为正时，调整器输出减速脉冲信号，综合信号绝对值越大，则输出脉冲信号的脉冲频率越高（脉冲宽度一定时）或脉冲宽度越宽（脉冲频率一定时）；反之，当输入的综合信号为负时，则调整器输出相应频率或宽度的加速信号。

调整还应使每个调节过程的第一个调整信号有适当延时，以便避开动态过程。另外，

调整器要设定一个不灵敏区，当输入信号比死区（不动作区）值小时，调整器不动作，使其工作不太频繁。

5.4.2 虚有差调节法的自动频载调节装置

自动频载调节按工作原理分为有差调节法、主导发电机法和虚有差调节法。

1. 有差调节法

有差调节法是由调差系数相近的有差调速特性的并联运行发电机组来稳定频率和负载分配的方法。这种方法没有外加自动频载调节装置进行二次调节，各机组只由具有有差特性的调速器来控制，因此不能很好地维持频率恒定。负载分配一般也不均匀。此外，它不能自动转移负荷。

2. 主导发电机法

在并联运行的发电机中选择一台作为"主调发电机"，其任务是，当电网的负荷变动出现频率差时，由它改变油门、调整电网的频率维持于额定值，并承担系统负载的变化量。其余的机组则总是保持运行于接近额定负荷，称为基载发电机。

3. 虚有差调节法

在并联运行的各机组上均装有功率变换器和调整器，整套装置只装一台频率变换器，在其控制下，经常地保持电网的频率为额定值，负荷按给定比例进行机组间的合理分配。每台发电机组所装置的调整器仍是有差特性，但不影响达到无差特性的调整效果。

图 5-19 为包括三台发电机虚有差调节的频载调节系统方框原理图。为简化分析，设各台发电机功率相同，功率变换系数 K_P 相等。各功率变换器 P 输出端 1 连成一点，称为"均功率点"。频率变换器 f 的两个端子联于各均功电阻 R 的一端 2 点，另一端连到各调整器的一个输入端 3 点。整个装置共有三个公用点，称为三点式网络。

调整功能如下。

（1）频率调整。假设三台发电机有功功率已均匀分配，则图 5-19 中各功率变换器输出端 1、4 两点间直流电压相等，又因为 1 已连成一点，故 4 点亦为等电位点，其等效电路如图 5-20 所示。

若电网的频率 $f > f_N$，则 $U_{INi} > 0$（$i = 1, 2, \cdots, n$），因此各调整器均发出"减速"脉冲信号，使各机组的调速特性下移，系统的频率下降，直到 $f = f_N$，$U_{INi} = U_{\Delta f} = 0$，调整完毕；若 $f < f_N$，则进行相反调节。直到电网频率调到额定值时，调整过程才结束。

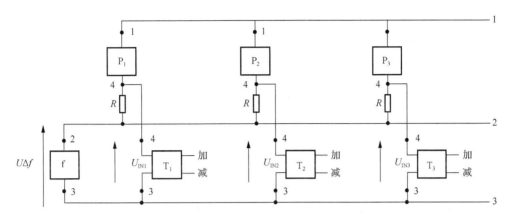

图 5-19　虚有差法方框原理图

P-功率变换器；f-频率变换器；T-调整器；R-均功电阻

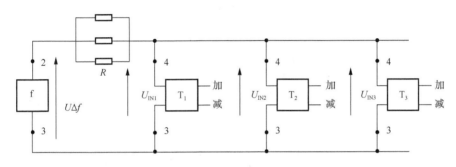

图 5-20　各发电机"均功"时的等效电路

（2）功率分配调整。假定在调整过程中频率始终保持为额定值，则频率变换器输出 $U_{\Delta f}=0$。图 5-19 中的 2、3 两点为同位点，功率变换器的输出此时可以看作一个电源，装置的等效电路变为图 5-21（a）。

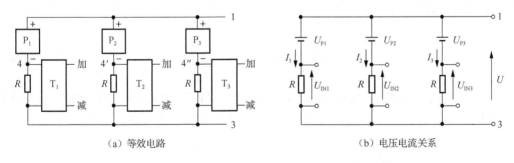

（a）等效电路　　　（b）电压电流关系

图 5-21　"恒频"时系统的等效电路和电压电流关系

调整器从均功电阻 R 上取得信号，图 5-20 中由 1 至 3 端电压为 U，假定有 n 台机组参与并联运行，各功率变换器上输出的电压、电流分别为 U_{Pi} 和 I_i（$i=1,2,\cdots,n$），它们的正方向如图中所示。

由含源支路的欧姆定律求各支路的电流为

$$I_i = \frac{U + U_{Pi}}{R} \qquad (5\text{-}14)$$

由基尔霍夫定律有

$$\sum_{i=1}^{n} I_i = 0，\ \text{即} \sum_{i=1}^{n} \frac{U + U_{Pi}}{R} = 0$$

由于各均功电阻相等，故

$$n \cdot U = -\sum_{i=1}^{n} U_{Pi}$$

$$U = -\frac{1}{n} \sum_{i=1}^{n} U_{Pi} \qquad (5\text{-}15)$$

由式（5-14）得各均功电阻上的电压为

$$U_{Ri} = I_i R = U + U_{Pi} \qquad (5\text{-}16)$$

将式（5-15）代入式（5-16）得

$$U_{Ri} = U_{Pi} - \frac{1}{n} \sum_{i=1}^{n} U_{Pi} = K_P \left(P_i - \frac{1}{n} \sum_{i=1}^{n} P_i \right) = K_P \cdot \Delta P_i \qquad (5\text{-}17)$$

所以，每个均功电阻上的信号电压正好等于功差信号。

如果 1 号发电机的输出功率 P_1 大于参与并联运行机组的平均功率 $\left(\frac{1}{n} \sum_{i=1}^{n} P_i \right)$，则与功率变换器 P_1 串联的均功电阻 R 上将有信号电压 U_{IN1}：

$$U_{IN1} = U_{R1} = K_P \left(P_1 - \frac{1}{n} \sum_{i=1}^{n} P_i \right) > 0 \qquad (5\text{-}18)$$

这个信号加于调整器 T_1 的输入端，将使 1 号发电机减小油门，使负载减少，这必然使其他机组均功电阻上的信号电压 $U_{INi} < 0$，使其他机组调整器 T_i 发出加速脉冲，开大油门使其增加负载，一直到各机组的负载值都相等时才结束，此时

$$P_i - \frac{1}{n} \sum_{i=1}^{n} P_i = 0 \qquad (5\text{-}19)$$

各均功电阻上的信号电压均为

$$U_{\mathrm{IN}i}=U_{Ri}=0 \tag{5-20}$$

（3）综合调整。在实际中，随着功率的变化，电网的频率也会发生变化，反之亦然。所以，上述两种调节是同时进行的，即调整器同时接受"功率差"和"频率差"信号的综合（代数和）信号：

$$U_{\mathrm{IN}i}=K_f\Delta f + K_P\Delta P_i = K_f\Delta f + K_P\left(P_i-\frac{1}{n}\sum_{i=1}^{n}P_i\right) \tag{5-21}$$

各机组的调整器按接收的 $U_{\mathrm{IN}i}$ 进行调整，直到 $U_{\mathrm{IN}i}$ 均为零，调整才结束。

（4）机组解列时的调整。在并联运行时，需要解列一台机组的自动调节过程如下（图 5-22）：如使 1 号机解列，只要按下 SB_1，使解列继电器 K_{12} 得电，K_{12} 使常闭接点断开而常开接点闭合，使 1 号机功率变换器脱离均功点 1，并经解列电阻 R_1 和均功电阻 R 自成一回路，使 1 号机不再参与均分功率的调整。但因 1 号机仍承担着负载，P_1 的输出端仍有信号电压，它在解列回路中将产生电流 i，并在均功电阻 R 上形成一个下正上负的电压，这一电压经频率变换器 f（此时其输出为 0）加入调整器 T_1 的输入端，使 T_1 的输入端形成下正上负的电压信号。T_1 将发出减速信号，即 1 号机卸载。此时 2 号机还没有加大油门，系统的频率将下降，频率变换器输出一个上正下负的电压信号，它通过 2 号机的均功电阻 R 后加于 T_2，使 2 号机加速即加载，力图维持系统额定频率下的功率平衡。另外，频率变换器的输出电压信号与解列电路产生的电压信号（作用在 T_1 的输入端）极性相反，从而减缓了 1 号机卸载的速度，以保证电力系统能在不太大的频率偏差下匀缓地实现负载转移。1 号机的全部负荷逐渐转移到 2 号机，电网的频率仍维持恒定。

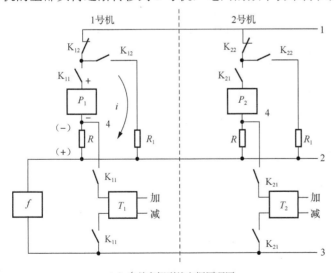

（a）含并车解列的方框原理图　　（b）并车解列控制电路

图 5-22　解列时的调整过程

101

图 5-22 中继电器 K_{11}、K_{21} 是 1 号机、2 号机投入电网的控制继电器。设 1 号机已运行，K_{11} 得电，其常开接点闭合，1 号机将被控运行于额定频率。若 2 号机投入并联，QF_2 使 K_{21} 得电，其常闭接点闭合。此时，系统的接线与图 5-21 一样，将在自动频载调整器的作用下实现均功率及恒频率运行。

第6章 船舶电力系统的短路电流计算

6.1 概 述

通常所说的船舶电力系统的短路，是指电机、电器和电缆的绝缘老化，或受机械损伤，或带电部分发生异常接触等原因造成的短路。短路时短路点通过很大的电流，这是与正常状态下产生的过载完全不同的危险状态。电力系统在发生短路故障时，系统的总阻抗减小，各支路的电流也比正常情况下增大很多倍，而系统内各点的电压也将下降很多，在短路点附近更为严重。

短路发生时，在短路点通常会产生一种阻抗，该阻抗是由电弧的电阻和短路电流从一相至另一相或者从一相到地所经过的元件的阻抗所组成的。想要计算这种阻抗是不可能的，因为电弧电阻是随电流的大小和电弧的长短变化的，而且变化的范围很大，很难估计。但在某些情况下，该阻抗的数值可能很小，实际上可以忽略不计，这种短路称为"金属性短路"。

在船舶电力系统实际运行中，短路故障是难以避免的，对于战斗的船舶尤其如此，因此短路电流计算是船舶电站设计的重要内容之一。很多国家的船舶规范明确提出，需要提交短路电流计算书。

船舶电力系统电网独立运行，功率储备不大、线路比较短、升压和降压环节较少或没有，因而同等容量的船舶电力系统与陆上电力系统相比，短路电流显得偏大。究其原因，包括以下几个方面。

（1）船舶电力系统电压等级较低，绝大多数负载开关都是直接由发电机供电，供电线路中缺少能有效抑制短路电流的变压器。

（2）发电机与各配电板和各配电开关距离比较近，线路阻抗小，对短路电流抑制能力较差。

（3）电网功率不大，相对发电机容量而言，某些电动机的容量比较大，甚至接近于单台发电机的容量。为了追求良好的动态性能，在船用发电机的设计中，必须进一步强化阻尼绕组的作用，但这样做将使发电机馈送短路电流的能力进一步增强。

在船舶电力网络设计中，设计师非常关注短路电流的大小以及开关设备的分断能力。船舶科技进步日新月异，自动化程度也越来越高，所使用的电气设备也越来越多，船舶电站的容量也随之不断增大，船舶电站容量与船舶吨位之比不断上升，某些大型船舶的电站总容量甚至达到数万千瓦。船舶电力网中的短路电流也随船舶电站的容量不断上升。很多比较大的船舶电力系统的短路电流已经超过了 75kA，甚至还有一些特殊船舶的短路电流已经超过了 100kA。当短路电流超过 75kA 后，船电系统对于配电开关的分断能力要求已经相当高，设计师不得不寻找一些具有高分断能力的船用开关进行配电设计；当短路电流超过 100kA 后，寻找高分断能力船用开关也变得相当困难。这是由于船用开关的体积不可能太大，让自动开关可靠地分断很大的短路电流必然需要更加复杂的机构，使开关尺寸和重量上升，价格升高。大量使用高分断能力的自动开关的费用是相当可观的，而开关的分断能力不可能无限地提高，短路电流过大时可能找不到合适的开关，只能改变船舶电力网的结构，牺牲某些性能。

综上所述，船舶工业在不断发展，船舶的吨位也在不断上升，随之而来的不断增大的短路电流给船舶设计、使用带来很大的压力和影响。减小船舶电力系统的短路电流成为目前船舶电气设计中必然面临的课题，那么该如何实现呢？

降低船舶短路电流最简单的办法是使各电源不并联工作，或增加变压器阻抗，这样可以增大短路电路的阻抗从而减小短路电流。具体地说，有以下几种常用的方法。

（1）提高船舶电力网的电压。

功率不变的情况下，提高船舶电力网的电压可以有效地减小电流，进而在短路故障时降低短路电流。升高船舶电力系统的电压等级还可以一定程度地提高发电机的容量，减少发电机数量。但是随着电压的升高，必须加强导电部分的绝缘和消弧措施，大多数船用设备都采用标准电压，采用中压、高压系统必须增设降压变压器，提高了成本，也给电力系统设计带来新的压力，所以目前这种方法在船舶上应用并不广泛。

（2）在电力线路上使用串联感应电抗。

这种方法的原理是人为增加短路电路阻抗来降低、限制短路电流。其缺点是设备体积庞大，投资费用和操作费用高。通常为一个或少数几个断路器的经济性而加装电抗器来限制短路电流是不恰当的。因为加装电抗器所增加的投资往往比一个或少数几个断路器改用高短路分断能力所耗的投资还要大。

（3）多电站分区供电。

船舶采用多电站分区供电的方法，将电力网分为相互独立的几个部分，每个部分由相应的发电机供电。虽然这种方法是切实有效的，但是同时大大降低了电力网的可靠性，而且日常使用也相当不方便，必须增加一些冗余线路和联锁设备。对于追求经济性和可靠性的船舶来说，这种方法也不可取。

（4）使用高阻抗发电机。

所谓高阻抗发电机就是指发电机的直轴电抗、直轴瞬变电抗和直轴超瞬变电抗比较大，也就是发电机阻尼绕组的作用比较弱。这样的发电机短路电流将显著降低，但同时也导致发电机的动态稳定性降低，抗突加或突减负载的能力下降。由于小型船舶电网的单个负载容量相对于电网的容量来说往往比较大，必须有较好的动态稳定性，而一般的中大型船舶电网中，单个负载容量相对于电网的容量来说并不大，冲击负载对电网的影响已不再像小电网那样突出，因此可以通过适当减弱阻尼绕组的作用来牺牲一些单台发电机的动态稳定性能，从而降低整个电网的短路电流。

由于船舶电力系统与陆上高压电力系统电压等级及环境条件不同，两者有很大差别，这决定了船舶电力系统的短路电流计算具有某些特点。船舶电站与陆上电站相比，前者可以看作一个流动的电站，一般都以发电机作为主电源。电网内负载的种类很多，但其主要负载是感应电动机，且在船舶电力系统中，电动机的容量与发电机的容量可相比拟，这与陆上电站大不相同。当船舶电力系统短路时，虽然电源不再供电给感应电动机，但旋转机械没有立即停止，由于惯性的作用，感应电动机继续旋转，此时与转子导体交链的磁通不能立即消失，这就出现感应电动机产生感应电势向短路系统供电的情况。所以在计算短路电流时，不能忽视感应电动机的影响，也可以说感应电动机也是短路电流的供给源。

船舶电力系统的另一个特点是：与陆上高压系统相比，其电压低很多，故外电路的阻抗对短路电流影响很大。因此，在计算短路电流时，对外电路的阻抗应予以适当的重视。在进行船舶电力系统设计时，精确地推算电网中各点的短路电流值大小，可以合理地选择配电方式和保护装置，以保证电力系统发生短路时，能快速有效地切断短路电流，使系统与短路点断开，防止故障处发生火灾和避免损坏设备，把短路破坏限制在最小的限度。

对船舶电力系统设计而言，计算短路电流主要有两方面目的：一方面是在船舶电力系统设计初期，估算出短路电流，作为电气设备选型的重要依据，也给电网设计提供重要数据；另一方面是电力系统确定之后，计算短路电流可以校验所选电力设备的热稳定性和电动力稳定性以及开关的通断能力。由此看来，合理地计算出船舶电力系统的短路电流确实具有十分重大的意义。

6.2　短路电流计算基础知识

船舶电网运行可分为两个状态，即稳定工作状态和瞬态工作状态。当电网中的负载保持恒定不变时，系统处于稳定状态，此时，电压、电流等值均保持不变，其值与负载阻抗有关。当电网总负载发生突变时，其他如电压、电流等值均随之而变化。当负载中含有感性负载和容性负载时，这些参数要经过一段时间之后才能达到新的稳定值，这时系统便又处于新的稳定工作状态。系统从一个稳定状态过渡到另一个新的稳定工作状态的中间过程称为过渡过程或瞬态过程。

船舶电力系统发生短路时，同步发电机在瞬态时产生的过渡过程十分复杂。需给出一个研究问题的前提假设，确保能比较清晰地对这个过程进行研究，假设内容如下：为了对短路时的一些概念有一个比较明确的了解，假定发电机的功率非常大，以致在电网中发生短路电流的时候，其端电压不变。

假设船舶电站的负载主要是感性负载，则船舶电力系统可以看作简单的三相交流电路来研究。为了了解简单三相交流电路的瞬态过程的有关概念，假设电力系统单相交流电路是对称的，而且暂时不考虑发电机内部的瞬态过程。有了这个假设，则短路后的三相电路仍然可以看作对称的。由于电力系统中三相交流电路的相电流可以视为对称的，任意两相之间仅差 120° 相位，所以其中一相的瞬态过程的电流、电压的变化规律就可以说明三相交流电流的电流、电压的变化规律。我们从最简单的正弦交流 R-L 电路开始研究。

图 6-1 是一个由电感、电阻和电动势组成的简单的电路，其瞬态过程可以用方程表示如下：

$$e(t) = Ri(t) + L\frac{\mathrm{d}i(t)}{\mathrm{d}t} \tag{6-1}$$

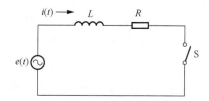

图 6-1　R-L 串联的简单正弦交流电路

因为 $e(t) = \sqrt{2}E\sin(\omega t + \theta)$，所以可以求出上式的通解，再根据初始条件 $t = 0$ 时，$i(t) = 0$，可以求得 $i(t)$ 的特解：

$$i(t) = \sqrt{2}I\sin(\omega t + \theta - \phi) - \sqrt{2}I\sin(\theta - \phi)\mathrm{e}^{-\frac{t}{\tau}} \tag{6-2}$$

式中，　θ ——短路瞬时的电压相位；

　　　　ϕ ——短路电路的功率因数；

　　　　$\theta - \phi$ ——短路瞬时的电流相位。

从式（6-2）中可以看出，短路电流由两部分组成，即周期分量和非周期分量。周期分量随时间而衰减，周期分量与非周期分量的合成电流就是非对称短路电流。在计算短路电流的时候，一般分别计算短路电流的周期分量（即交流分量）和非周期分量（即直流分量），再将两者合成为总的短路电流。

一般在计算船舶电力系统中某一点的短路电流时，把该点的短路电流分为两部分：同步发电机馈送的短路电流和电动机作为发电机运行时馈送的短路电流。对短路点的最大短路电流影响较大的还是同步发电机馈送的短路电流。

6.2.1　交流发电机提供的短路电流

　　发电机是船舶电力系统短路电流的主要供给源，发电机定子、转子的饱和以及整流器的非线性等诸多原因使发电机的短路电流计算变得十分复杂，无法简单地给出准确的解析式，常用的计算式都是经过某些假设的近似解析计算。根据有关的试验数据，在发电机发生线间短路时，其冲击短路电流比三相短路时冲击短路电流小 10%～15%，线间稳态短路电流近似为三相稳态短路电流的 90%～110%。发电机中点接地时单相接地短路电流可以近似地认为等于三相短路电流。可见，当计算发电机的短路电流只为了选择合适的保护装置时，求得三相短路电流就足够了。因此，我们将重点研究三相短路的有关问题。

　　在发电机出线端发生三相突然短路时，在短路的瞬间，直流补偿瞬态电流限制磁场的急剧变化，因此仅是漏抗限制短路电流，超瞬态电流非常大。随着直流补偿电流的衰减，短路电流逐渐减小，最后变成稳态短路电流。由于发电机的电枢电阻比漏抗小得多，所以计算阻抗时，一般忽略电枢电阻，仅考虑表示直流补偿电流衰减程度的电枢时间常数。发电机在负载情况下发生短路与空载情况下发生短路其短路电流大小是不一样的，因为在负载状态下发生短路时，负载电流 I_L 的存在使励磁电流变大，比空载时大出来的这部分励磁电流 I_d 用来补偿短路时电枢内产生的电枢反应电压降和漏电抗压降 $I_L \cdot X_d$，换种说法就是，多出来的这部分励磁电流 I_d 产生内部感应电动势 E_d 而补偿了内阻抗 Z_d 产生的电压降。十分明显，E_d 在负载时是不存在的，仅在短路时起作用，所以负载时的励磁电流为 $(I_{d0} + I_d)$，导致负载时感应的相电压比空载时大。

6.2.2　电动机提供的短路电流

　　当船舶电力系统发生短路时，不仅发电机是短路电流的供给源，正在运行中的电动机也是短路电流很大的供给源。因为在短路发生瞬间，电动机由于惯性的作用仍然保持转动，同时和转子导体相交链的磁通也没有立即消失，这样转子在内部做切割磁力线运动，将产生三相电势。我们可以认为，电动机是由于三相电势的存在而在向短路系统供电。利用已有的公式来描述感应电动机馈送的短路电流的大小和特性是十分复杂的，在长期的工程试验和理论研究后，国际上已经产生了很多实用的计算公式，当然这些公式都是一定程度的近似计算，目前采用的计算公式大都是将馈电线阻抗作为简单串联电路，这种计算不够精确，必然导致一定误差。

　　常用的传统的计算船舶交流电力系统中感应电动机的短路电流的计算方法有以下三种。

　　（1）根据感应电动机额定电流计算短路电流。

　　国际电工委员会（International Electrotechnical Commission，IEC）计算电动机部分短路电流就用这种算法（称为 IEC 法），详细内容待后面介绍。

（2）根据感应电动机阻抗计算短路电流。

这种计算方法的要点是：先求出感应电动机的堵转阻抗和馈电线阻抗的合成值，然后利用该阻抗计算短路电流。因此，在已知电动机阻抗的条件下，采用这种方法比较简单。这种方法把短路后 1/2 周期内的短路电流看作不衰减的。堵转阻抗可以用感应电动机堵转试验得到的漏抗和绕组电阻求得。

（3）考虑短路电流衰减的计算公式。

短路电流的周期分量和非周期分量都是随时间衰减的，该算法就是在计算电动机馈送的短路电流时也考虑其周期分量和非周期分量的衰减。

6.3　短路点选择原则

1. 就近原则

如图 6-2 中 F_1、F_5 两点处主母线附近发生短路时，短路对于发电机的冲击和可能的损坏是首先要关心的问题，故把短路点选择在 F_1 和 F_5 两点，而非 F_1' 和 F_5' 两点处。短路点选择 F_1 点是因为此时流经开关1CB处的是其他两台发电机提供的电流，反之，如选择 F_1' 点则不能对短路电流对电路的影响做出有意义的分析。因为要选择尽可能靠近发电机 G_1 的短路点，所以常被称为就近原则。

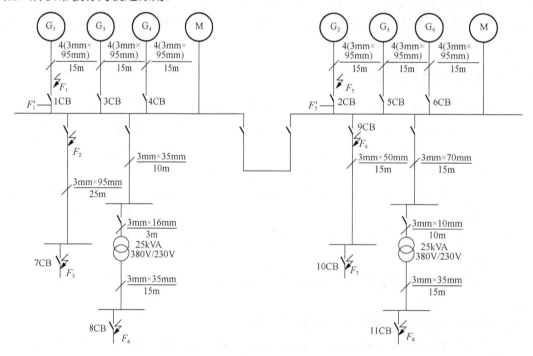

图 6-2　典型船电系统网络图

2. 最大原则

短路故障对电力系统所产生的损害可能是很大的，必须做最坏的打算。比如图 6-2 中 F_2、F_6 点，当考虑由主母线引出线路上的电气设备发生短路时，应选择距母线最近的点处设置短路点，这是因为此处电阻最小，故电流最大，对系统及设备可能造成的冲击也最大。

3. 优先原则

各用电设备也是值得关注的地方之一。用电设备，特别是在特殊工况下，比如战斗工况下的正常使用显得尤为重要。将用电设备附近作为短路点是必然选择，比如图 6-2 中 F_4、F_8 点。不但要最大限度地计算出短路电流，而且要估计出其对其他用电设备的影响。

选择短路点时要综合考虑各方面因素，合理选择短路点对于电力系统相关参数的获取及电气设备的校验都有很大帮助。

6.4　船舶电力系统短路电流常用算法

短路电流计算结果的准确性直接影响到开关的选型和继电保护仿真结果的合理性等。因为船舶电力系统的短路电流计算方法有很多种，不同的算法计算目的不同，因此存在着一个计算方法的选择和使用的问题。目前常用的故障电流计算方法包括 IEC 法、美国海军标准计算法、劳氏船级社简易计算法、日本电气协同研究会精密计算法、等效发电机计算法、阻抗百分比计算法、图解法，以及国内比较广泛采用的中华人民共和国国家标准《船舶交流电力系统的短路计算》（GB 3321—1982）计算法（以下简称 GB-3321 法）和中华人民共和国国家军用标准《舰船交流电力系统的短路电流计算》（GJB 173—1986）计算法（以下简称 GJB-173 法）等。这些计算方法可以用来计算船舶电力系统中各处的短路电流，其计算目的主要是获得短路电流的有效值和峰值数据，而不要求计算短路电流的波形曲线，因此每种计算方法都做了一些忽略次要因素的假设，计算结果也不尽相同。

表 6-1 列出的是不同计算方法间的一个比较。

除以上计算方法外，也有学者在讨论船舶电力系统同步发电机参数与短路电流的关系时，为了避免过大的误差，直接分析单台发电机接线端的三相突然短路。这是因为，在船舶电力系统发生短路时，发电机的参数和电力网的结构对短路点的最大短路电流起决定作用。计算船舶电力系统任意短路点时，发电机馈送的短路电流的大小与发电机接线端的短路电流的大小关系紧密，两者的区别仅在于前者还包含了电力系统线路阻抗的影响，两者的变化规律基本相同。所以分析单台发电机接线端的三相突然短路具有代表性。

下面具体介绍应用较多的 IEC 法和 GJB-173 法。

表 6-1　短路电流计算方法比较表

方法	发电机交流分量的衰减	发电机内阻	发电机有负载时处理	外阻抗对时间常数的影响	电动机短路电流的计算	从母线至短路点总电缆阻抗	总短路电流计算
IEC 法	考虑次瞬态衰减，不考虑瞬态衰减	不考虑	交流分量增加 10%	考虑发电机	电动机的额定电流乘以一定的倍数	与各发电机的阻抗串联计算	发电机和电动机馈送短路电流代数和
GB-3321 法	考虑次瞬态衰减，不考虑瞬态衰减	考虑	交流分量增加 10%	考虑发电机和电动机	根据电动机的参数计算	与等效发电机阻抗串联计算	汇流排处为各分量代数和，在馈电线处为 1 台等效发电机短路电路计算
GJB-173 法	不考虑衰减	不考虑	不考虑	不考虑	汇流排处将额定电流乘以一电流值的倍数，馈电线处会将馈电线的阻抗考虑进去	与发电机和电动机分别串联计算	发电机和电动机馈送短路电流代数和
图解法	考虑次瞬态衰减，不考虑瞬态衰减	考虑	交流分量增加 10%	考虑发电机	汇流排处将电动机的额定电流乘以一定的倍数	与等效发电机阻抗串联计算	汇流排处为各分量代数和，在馈电线处为 1 台等效发电机短路电路计算
网络计算法（适合远距离、大容量电站）	断开电流只考虑次瞬态衰减，衰减时间以 50ms 左右计算，接通电流只考虑瞬态衰减，衰减时间以 $T/2$ 计算	不考虑	不考虑	不考虑	考虑计入所有电压等级电动机的馈送电流	不考虑	根据发电机和电动机综合计算出 I'' 和 I'。断开电流考虑 I''，接通电流考虑 $1.414 \times K \times I''$。其中，电流考虑 $K = e^{-t/\delta} + e^{-t/T}$，$t = T/2$
IEC 扩展法	与 IEC 法基本相似，所不同的是，IEC 法只计入与短路点同电压级的电动机的馈送电流，而 IEC 扩展法考虑计入所有电压等级电动机的馈送电流（舰船电力系统有不同的电压系统时，6.6kV/3.3kV），忽略其他电压等级的电动机馈送电流						

6.4.1　IEC 法

IEC 第 363 号出版物《特别与船用设备中自动开关的额定短路容量有关的短路电流计算》（1972 年）详细说明了计算船舶电力系统短路电流的方法，该出版物规定：对于交流系统的最大短路电流的计算，在短路点极为接近主配电板母线的情况下，短路阻抗一般可以假定与接入系统的运行电机的电抗相同，而将其电阻忽略不计。但是，当计算短路功率因数时，必须计入故障影响所及的电路的电阻。也就是说，必须计入电机以及串接的任何电路元件的电阻。

1.　发电机短路电流

发电机空载短路时，次瞬态短路电流为

$$I_{g0}'' = \frac{V_{Ng}}{X_d''} \tag{6-3}$$

式中，V_{Ng}——发电机额定相电压；

X_d''——发电机纵轴超瞬态电抗。

当发电机在负载状态下短路时，其超瞬态短路电流 I_g'' 可以由 I_{g0}'' 乘以适当的系数求得。该系数取决于电机的特性，在没有确切的资料情况下，可取 1.1。

短路电流的周期分量有效值为

$$I_g = (I_g'' - I_g')e^{-\frac{t}{T_d'}} + I_g' \tag{6-4}$$

式中，T_d''——发电机周期分量超瞬态衰减时间常数。

IEC 第 363 号出版物中假定发电机短路电流的最大值出现在短路后 1/2 周期时，所用公式为

$$I_{Pg} = \sqrt{2}[(I_g'' - I_g')e^{-\frac{T}{2}\frac{1}{T_d'}} + I_g'] + \sqrt{2}I_g''e^{-\frac{T}{2}\frac{1}{T_a}} \tag{6-5}$$

式中，T_a——发电机非周期分量衰减时间常数。

2.　电动机短路电流

对电动机的短路电流规定：在短路时把所有运行的电动机看作一台等效电动机，其额定功率为可能同时运行的电动机额定功率之和，根据等效电动机额定电流之和进行计算。根据等效电动机的额定输出乘以一定的系数求得短路电流。计算公式如下：

$$I_{acM} = 4.0 I_{NM} \tag{6-6}$$

$$i_{PM} = 8.0I_{NM} \qquad\qquad (6\text{-}7)$$

$$I_{NM} = \frac{P}{\cos\phi \times \sqrt{3} \times U} \qquad\qquad (6\text{-}8)$$

式中，I_{acM}——等效电动机短路电流交流分量有效值；

$\quad\quad I_{NM}$——电动机额定电流；

$\quad\quad i_{PM}$——等效电动机不对称短路电流最大峰值。

3. 总短路电流

总短路电流等于各发电机和电动机馈送的短路电流的代数和。

本计算法特征分析如下。

（1）发电机和电动机的各短路电流的代数和作为总短路电流。

（2）考虑按次瞬态时间常数衰减。

（3）在负载状态，仅考虑发电机对称交流短路电流增加 10%，而最大峰值不考虑增加相应分量。

（4）在计算电动机提供的短路电流时，母线短路和馈电线端短路计算方法完全相同，都是将可能同时运行的电动机的额定电流之和乘以一个系数求得。因此，在进行馈电线端短路计算时，由于计算方法中忽略了电动机短路电流直流分量的大幅度衰减，所以此时计算值将比实际短路电流值大。但其计算较简便。

（5）由于将母线至馈电线短路点之间的阻抗考虑为分别与各发电机串联进行计算，所以计算求得的短路电流值将比实际值大。

（6）根据馈电线阻抗修正了时间常数，所以近似于实际衰减。

6.4.2　GJB-173 法

GJB-173 法是一种短路电流的近似算法。该算法计算过程中为求计算简便而采取较多近似，其算法处理上主要考虑了以下几个问题。

（1）在船舶电力系统中，负载中大部分是异步电动机，在发生短路故障时，异步电动机将转变为发电机运行状态，向短路点馈送对称分量和非周期分量电流。为了方便计算，分别计算发电机和异步电动机各自馈送的短路电流，总的电流等于这两部分电流代数和。

（2）在计算最大短路电流时，按照船舶电力系统短路最严重的工况进行计算，即最大短路电流所对应的功率为最大可能并联运行的发电机（包括短时转移负载的发电机）额定总功率，电动机总容量取可能并联运行发电机额定总功率的 2/3。

（3）在计算最小短路电流时，只考虑容量最小的一台机组在运行，异步电动机的影响可忽略不计。两相短路电流的初始值为三相短路电流初始值的 0.866 倍。

（4）在进行短路计算时，仅计及发电机、电动机、变压器及电缆阻抗，忽略了主母线和主配电板的阻抗。

（5）根据所选用开关的要求，计算不对称短路电流最大有效值和不对称短路电流平均有效值或短路电流最大峰值和对称分量初始有效值来校核开关的短路接通能力和分断能力。

（6）计算中出现短路功率因数低于所选用自动开关的给定值时，根据 GJB-173 法中针对自动开关短路分断能力的换算所提供的方法对短路电流进行折算。

下面分别给出发电机和电动机提供的短路电流计算公式。

1. 发电机馈送的短路电流

GJB-173 法在这部分的计算当中与 IEC 法相似，都考虑了超瞬态短路电流和非周期分量的衰减。同时这两种算法也存在一定差异，首先表达形式是不同的，GJB-173 法的表达形式是一个经验公式的形式，不像 IEC 法那样将计算的思路和原理直接表现出来。另外，最大的不同点是，GJB-173 法中没考虑周期分量的超瞬态衰减，这是因为当时国内大多数船舶上装备的主发电机的超瞬态短路时间常数较大，在短路后半个周期处，发电机短路电流周期分量的超瞬态衰减较小，忽略此项衰减对整个短路电流计算影响不大。而目前广泛应用于我国海军船舶电力系统的发电机的超瞬态短路时间常数较小，一般仅为几毫秒，不能忽略。发电机超瞬态短路电流为

$$I_g'' = \frac{V_{Ng}}{Z_d''} \tag{6-9}$$

$$Z_d'' = \sqrt{(R_a + R_c)^2 + (X_d'' + X_c)^2}$$

式中，R_a——发电机电枢电阻；

R_c——发电机到母线间线路电阻。

发电机馈送的不对称短路电流最大有效值为

$$I_{\max g} = \sqrt{1 + 2\alpha^2} \cdot I_g'' \tag{6-10}$$

发电机馈送的不对称短路电流平均有效值为

$$I_{avg\,g} = \frac{\sqrt{1 + 2\alpha^2} + 2\sqrt{1 + \frac{1}{2}\alpha^2}}{3} \cdot I_g'' \tag{6-11}$$

发电机馈送的短路电流最大峰值为

$$I_{Pg} = \sqrt{2} \cdot (1 + \alpha) \cdot I_g'' \tag{6-12}$$

式中，

$$\alpha = e^{-\frac{\pi(R_a + R_c)}{X_d'' + X_c}}$$

在多台机组并联运行时，等效发电机对称短路电流初始有效值为

$$I_G'' = \frac{V_{Ng}}{Z_D''} \qquad (6\text{-}13)$$

式中，

$$Z_D'' = \sqrt{R_A^2 + X_D''^2}$$

$$R_A + jX_D'' = \cfrac{1}{\displaystyle\sum_{i=1}^{n} \cfrac{1}{(R_{ai} + R_{ci}) + j(X_{di}'' + X_{ci})}}$$

等效发电机馈送的不对称短路电流最大有效值为

$$I_{\max G} = \sqrt{1 + 2\alpha^2} \cdot I_G'' \qquad (6\text{-}14)$$

等效发电机馈送的不对称短路电流平均有效值为

$$I_{\text{avg } G} = \frac{\sqrt{1 + 2\alpha^2} + 2\sqrt{1 + \frac{1}{2}\alpha^2}}{3} \cdot I_G'' \qquad (6\text{-}15)$$

等效发电机馈送的不对称短路电流最大峰值为

$$I_{PG} = \sqrt{2}(1 + \alpha)I_G'' \qquad (6\text{-}16)$$

式中，

$$\alpha = e^{-\frac{\pi R_A}{X_D''}}$$

2. 电动机馈送的短路电流

在电动机部分的计算中，GJB-173 法与 IEC 法基本相同，只是系数稍有差别。另外，在电动机额定电流 I_{NM} 的获得上稍有不同，IEC 法是利用电动机相关参数求出 I_{NM}，而 GJB-173 法是根据发电机的容量按比例求出电动机的容量和额定电流 I_{NM}。前者比较精确，后者在电动机参数不明确或无法得到时比较实用。

等效电动机对称短路电流初始有效值为

$$I_{acM} = 3.3I_{NM} \qquad (6\text{-}17)$$

等效电动机不对称短路电流最大有效值为

$$I_{\max M} = 4.0 I_{NM} \tag{6-18}$$

等效电动机不对称短路电流平均有效值为

$$I_{avg M} = 3.5 I_{NM} \tag{6-19}$$

等效电动机不对称短路电流最大峰值为

$$I_{PM} = 7.0 I_{NM} \tag{6-20}$$

式中,

$$I_{NM} = \frac{2}{3}(I_{Ng1} + I_{Ng2} + \cdots) = \frac{2}{3} I_{NG}$$

3. 总的短路电流

对称短路电流初始有效值为

$$I'' = I''_G + I_{acM} \tag{6-21}$$

不对称短路电流最大有效值为

$$I_{\max} = I_{\max G} + I_{\max M} \tag{6-22}$$

不对称短路电流平均有效值为

$$I_{avg} = I_{avg G} + I_{avg M} \tag{6-23}$$

不对称短路电流最大峰值为

$$I_P = I_{PG} + I_{PM} \tag{6-24}$$

4. 邻近母线的短路

对称短路电流初始有效值为

$$I'' = I''_G + 3.3 I_{NM} \tag{6-25}$$

不对称短路电流最大有效值为

$$I_{\max} = I_{\max G} + 4.0 I_{NM} \tag{6-26}$$

不对称短路电流平均有效值为

$$I_{avg} = I_{avg\,G} + 3.5I_{NM} \qquad (6\text{-}27)$$

不对称短路电流最大峰值为

$$I_P = I_{PG} + 7.0I_{NM} \qquad (6\text{-}28)$$

5. 远离母线短路

1）发电机馈送的短路电流

发电机馈送的短路电流公式如下：

$$I_G'' = \frac{V_{Ng}}{Z_K} \qquad (6\text{-}29)$$

$$Z_K = \sqrt{(R_A + R_f)^2 + (X_D'' + X_f)^2}$$

式中，R_f、X_f——母线至短路点的线路电阻、电抗。

$$I_{\max G} = \sqrt{1 + 2\alpha^2} \cdot I_G'' \qquad (6\text{-}30)$$

$$I_{avg\,G} = \frac{\sqrt{1 + 2\alpha^2} + 2\sqrt{1 + \frac{1}{2}\alpha^2}}{3} \cdot I_G'' \qquad (6\text{-}31)$$

$$I_{PG} = \sqrt{2}(1 + \alpha)I_G'' \qquad (6\text{-}32)$$

式中，

$$\alpha = e^{-\frac{\pi(R_A + R_f)}{X_D'' + X_f}} = e^{-\frac{\pi R_K}{X_K}}$$

2）电动机馈送短路电流

电动机馈送的短路电流如下：

$$I_M' = \frac{V_{NM}}{\sqrt{\left(\dfrac{0.07V_{NM}}{I_{NM}} + R_f\right)^2 + \left(\dfrac{0.19V_{NM}}{I_{NM}} + X_f\right)^2}} \qquad (6\text{-}33)$$

$$I_{acM} = 0.67I_M' \qquad (6\text{-}34)$$

$$I_{\max M} = 0.81I_M' \qquad (6\text{-}35)$$

$$I_{avg\,M} = 0.71I_M' \qquad (6\text{-}36)$$

$$I_{PM} = \lambda I_M' \qquad (6\text{-}37)$$

式中，V_{NM}——电动机额定相电压；

λ——电动机馈送电流的峰值系数。λ 值根据 β 的范围从 λ 值表选定，见表 6-2。

$$\beta = \frac{\dfrac{0.07V_{NM}}{I_{NM}} + R_f}{\dfrac{0.19V_{NM}}{I_{NM}} + X_f} \qquad (6\text{-}38)$$

表 6-2　λ 值表

β	λ
$\beta < 0.55$	1.3
$0.55 \leqslant \beta < 0.7$	1.2
$0.7 \leqslant \beta < 0.9$	1.1
$0.9 \leqslant \beta$	1.0

当 $Z_K \geqslant 5Z_D''$ 时，电动机馈送的电流可忽略不计。

3）总短路电流

对称短路电流初始有效值为

$$I'' = I_G'' + 0.67I_M' \qquad (6\text{-}39)$$

不对称短路电流最大有效值为

$$I_{max} = I_{max\,G} + 0.81I_M' \qquad (6\text{-}40)$$

不对称短路电流平均有效值为

$$I_{avg} = I_{avg\,G} + 0.71I_M' \qquad (6\text{-}41)$$

6.5　船舶电力系统短路电流参考计算方法

GJB-173 法在计算过程中为求计算简便而忽略较多，它在实施之初与当时国内船舶电力系统的基本情况相适应，但随着我国新设计建造的船舶电力系统的容量不断增大，发电机参数有很大的变化，自动开关的选用已接近极限，按该方法计算的值误差较大，不利于船舶电力系统的设计、研制及使用。因此，有必要结合新型船舶的实际情况，提出一种精度更高的近似计算方法，使短路电流计算值更为准确。

本节提出的算法以 GJB-173 法为基础，是对 GJB-173 法中存在的导致计算误差过大的因素加以改进后提出的参考算法。

6.5.1　临近母线处的短路电流计算

GJB-173 法是我国国家军用标准算法，1986 年颁布实行。在计算过程中，一方面是限于当时条件，为求计算简便，做了很多忽略和近似，另一方面是考虑到军用船舶对于船舶安全性要求比普通船舶高，还要考虑到军用船舶受到打击之后的生命力和战斗力问题，要求电力器件能够耐受较大的短路电流，短路计算结果要留有一定的裕量，因此 GJB-173 法计算结果正误差较大。导致误差的主要原因如下。

1. 忽略周期分量的衰减

在计算发电机馈送的短路电流时，GJB-173 法未考虑周期分量的超瞬态衰减和瞬态衰减。船舶电力系统不是无限大系统，当电力系统发生短路故障时，其电源端电压不能视为不变，因此，短路电流周期分量幅值在短路过程中是衰减的，忽略超瞬态衰减会造成比较大的正误差。

2. 对等效电动机额定功率的处理近似较多

GJB-173 法在计算电动机馈送的短路电流时将运行中的电动机等效成一台等效电动机，且其容量取最大可能并联运行的发电机额定总功率的 2/3。在计算中电动机额定电流也取可能并联运行发电机总额定电流的 2/3。这种取法并不精确，并且在计算中与电动机有关参数不加考虑，仅算出电动机馈送的短路电流值，导致最终计算结果偏大。

现以 GJB-173 法为基础，针对以上造成误差的原因提出如下参考算法。

临近母线处的发电机馈送的短路电流计算公式为

$$I''_G = \frac{V_{Ng}}{Z''_D} \tag{6-42}$$

$$R_A + jX''_D = \frac{1}{\sum_{i=1}^n \frac{1}{(R_{ai}+R_{ci})+j(X''_{di}+X_{ci})}}$$

$$I'_G = \frac{V_{Ng}}{Z'_D} \tag{6-43}$$

$$R_A + jX'_D = \frac{1}{\sum_{i=1}^n \frac{1}{(R_{ai}+R_{ci})+j(X'_{di}+X_{ci})}}$$

$$i_{G} = -\sqrt{2}[(I''_{G} - I'_{G})\exp\left(-\frac{t}{T''_{d}}\right) + (I'_{G} - I_{G})\exp\left(-\frac{t}{T'_{d}}\right) + I_{G}]\cos\omega t + \sqrt{2}I''_{G}\exp\left(-\frac{t}{T_{a}}\right)$$
$$= i_{acG} + i_{dcG} \tag{6-44}$$

式中，I''_{G} ——等效发电机馈送的超瞬态对称短路电流初始有效值；

$\quad\quad I'_{G}$ ——等效发电机馈送的瞬态对称短路电流初始有效值；

$\quad\quad R_{ai}$ ——第 i 台发电机电枢电阻；

$\quad\quad R_{ci}$ ——第 i 台发电机到母线间线路阻抗；

$\quad\quad T''_{d}$ ——发电机周期分量超瞬态衰减时间常数；

$\quad\quad T'_{d}$ ——发电机周期分量瞬态衰减时间常数；

$\quad\quad T_{a}$ ——发电机非周期分量衰减时间常数。

最大短路电流出现在短路后 1/2 周期处，此时瞬态衰减还没有开始，所以不考虑瞬态衰减。

考虑线路阻抗对非周期分量衰减时间常数的影响，对 T_{a} 进行修正得

$$T_{db} = \frac{T_{a} + \dfrac{X_{c}}{2\pi f R_{a}}}{1 + \dfrac{R_{c}}{R_{a}}} = \frac{X''_{D}}{2\pi f R_{A}} \tag{6-45}$$

式中，T_{db} ——临近母线处发生短路时修正后的非周期分量衰减时间常数；

$\quad\quad R_{A}$ ——等效发电机电枢电阻，等于发电机内阻和发电机机端到母线间阻抗的和。

等效发电机馈送的不对称短路电流最大峰值为

$$I_{PG} = \sqrt{2}[(I''_{G} - I'_{G})\exp\left(-\frac{T}{2T''_{d}}\right) + I'_{G}] + \sqrt{2}\alpha \cdot I''_{G} = i_{acG} + i_{dcG} \tag{6-46}$$

$$\alpha = \exp\left(-\frac{T}{2T_{db}}\right) = \exp\left(-\frac{\pi R_{A}}{X''_{D}}\right)$$

$$I_{avg\,G} = \frac{1}{3}\left[\sqrt{I^{2}_{acG} + I^{2}_{dcG}} + \sqrt{I^{2}_{acG} + \left(I_{dcG}\cdot\cos\frac{2\pi}{3}\right)^{2}} + \sqrt{I^{2}_{acG} + \left(I_{dcG}\cdot\cos\frac{4\pi}{3}\right)^{2}}\right] \tag{6-47}$$

$$I_{max\,G} = \sqrt{I^{2}_{acG} + I^{2}_{dcG}} \tag{6-48}$$

下面介绍临近母线处的电动机馈送的短路电流计算公式。

GJB-173 法将运行中的电动机用一台等效电动机代替。这种计算方法虽然可使计算大大简化，但对于大于 100kW 的电动机较多或者电动机分布于几个大区域内的情况，假如再

考虑到馈电线阻抗的影响，这种算法也有很多不足之处。为求计算结果更加准确，可以逐台计算各电动机馈送的短路电流，然而这样计算比较麻烦，尽管可以利用计算机减小工作量，但输入各电动机的参数也是很麻烦的事情。为解决这个问题，本书采用平均等效电动机法计算电动机馈送的短路电流，即把所有并联运行电动机平均等效成若干台功率相同的电动机。平均功率和平均台数计算公式分别为

$$P_{ave} = \sqrt{\frac{\sum P_i^2 N_i}{N}} \tag{6-49}$$

$$N_{ave} = \frac{\sum P_i N_i}{P_{ave}} \tag{6-50}$$

电动机馈送的总短路电流等于平均等效电动机馈送的短路电流与平均台数的乘积。

平均等效电动机各项参数选取为

$$R_S = R_{bl} N_{ave} \tag{6-51}$$

$$X'_M = X_{bl} N_{ave} \tag{6-52}$$

式中，R_{bl}、X_{bl}——所有并联运行电动机的并联电阻、并联电抗；

R_S——平均等效电动机定子电阻；

X'_M——平均等效电动机瞬态电抗。

计算电动机的短路电流需要下面两个参数：

$$T'_{acM} = \sqrt{\frac{\sum T'^2_{acMi} N_i}{N_{ave}}} \tag{6-53}$$

$$T_{dcM} = \sqrt{\frac{\sum T^2_{dcMi} N_i}{N_{ave}}} \tag{6-54}$$

式中，T'_{acM}——平均等效电动机周期分量瞬态衰减时间常数；

T_{dcM}——平均等效电动机非周期分量瞬态衰减时间常数。

单台平均等效电动机的短路电流计算公式为

$$I_{acM} = \frac{V_N}{\sqrt{R_S^2 + X'^2_M}} \exp\left(-\frac{T}{2T'_{acM}}\right) \tag{6-55}$$

$$I_{dcM} = \frac{\sqrt{2}V_N}{\sqrt{R_S^2 + X_M'^2}} \exp\left(-\frac{T}{2T_{dcM}}\right) \tag{6-56}$$

$$I_{pM} = \sqrt{2}I_{acM} + I_{dcM} \tag{6-57}$$

$$I_{avgM} = \frac{1}{3}\left[\sqrt{I_{acM}^2 + I_{dcM}^2} + \sqrt{I_{acM}^2 + \left(I_{dcM} \cdot \cos\frac{2\pi}{3}\right)^2} + \sqrt{I_{acM}^2 + \left(I_{dcM} \cdot \cos\frac{4\pi}{3}\right)^2}\right] \tag{6-58}$$

$$I_{max\,M} = \sqrt{I_{acM}^2 + I_{dcM}^2} \tag{6-59}$$

式中，I_{acM} ——平均等效电动机的周期分量；

I_{dcM} ——平均等效电动机的非周期分量；

V_N ——电动机额定相电压。

短路点短路电流等于发电机馈送的短路电流与电动机馈送的短路电流之和，即

$$I_p = I_{pG} + I_{pM} \tag{6-60}$$

$$I_{avg} = I_{avg\,G} + I_{avg\,M} \tag{6-61}$$

$$I_{max} = I_{max\,G} + I_{max\,M} \tag{6-62}$$

6.5.2　远离母线处的短路电流计算

远离母线发电机馈送的短路电流计算公式大体跟临近母线时相近，相似的地方不再赘述，需要注意如下方面。

考虑到线路阻抗的影响，应该对超瞬态衰减时间常数 T_d''、非周期分量衰减时间常数 T_a 进行修正，即

$$X_K'' = X_D'' + X_f \tag{6-63}$$

$$R_K = R_A + R_f \tag{6-64}$$

$$T_{de}'' = \frac{X_K''}{X_K'}T_{d0}'' = \frac{X_D'' + X_f}{X_D' + X_f}T_{d0}'' \tag{6-65}$$

$$T_{d0}'' = T_d''\frac{X_d'}{X_d''} \tag{6-66}$$

$$T_{ae} = \frac{X_K''}{2\pi f R_K} \tag{6-67}$$

式中， X''_K ——在短路点呈现的短路电源侧总电抗；

R_K ——在短路点呈现的短路电源侧总电阻；

T''_{de} ——修正后的发电机超瞬态短路电流周期分量衰减时间常数；

T''_{d0} ——发电机超瞬态开路时间常数。

下面介绍远离母线处电动机馈送的短路电流。

对于主母线外电动机馈送的短路电流的计算，可用与发电机一样的方式来处理外电路阻抗，即在计算等效电动机的短路电流初始值时，考虑母线到短路点的阻抗的存在，并考虑其对等效电动机非周期时间常数的影响，即

$$I_{aceM} = \frac{V_N}{\sqrt{(R_S + R_f)^2 + (X'_M + X_f)^2}} \exp\left(-\frac{T}{2T'_{aceM}}\right) \tag{6-68}$$

$$I_{dceM} = \frac{\sqrt{2}V_N}{\sqrt{(R_S + R_f)^2 + (X'_M + X_f)^2}} \exp\left(-\frac{T}{2T_{dceM}}\right) \tag{6-69}$$

$$T'_{aceM} = T'_{acM} \frac{X_{KM}}{X'_M} \tag{6-70}$$

$$T_{dceM} = \frac{X_{KM}}{2\pi f R_{KM}} \tag{6-71}$$

$$I_{pM} = \sqrt{2}I_{aceM} + I_{dceM} \tag{6-72}$$

$$I_{avg\,eM} = \frac{1}{3}\left[\sqrt{I_{aceM}^2 + I_{dceM}^2} + \sqrt{I_{aceM}^2 + \left(I_{dceM} \cdot \cos\frac{2\pi}{3}\right)^2} + \sqrt{I_{aceM}^2 + \left(I_{dceM} \cdot \cos\frac{4\pi}{3}\right)^2}\right] \tag{6-73}$$

$$I_{maxeM} = \sqrt{I_{aceM}^2 + I_{dceM}^2} \tag{6-74}$$

$$X_{KM} = X_f + X'_M, \qquad R_{KM} = R_S + R_f$$

式中， T'_{aceM} ——修正后的瞬态衰减时间常数；

T_{dceM} ——修正后的非周期分量衰减时间常数。

短路点的短路电流等于以上分别求得的发电机和电动机馈送的短路电流的算数和。

另外，当短路点至母线间的线路阻抗足够大时，有以下两种情况：①短路电路中不包括变压器时， $R_f \geqslant 3X''_D$ ；②短路电路中包含变压器时， $Z_K \geqslant 5X''_D$ 。可不计及电动机馈送的短路电流，并可忽略发电机馈送的短路电流非周期分量。这是因为在远离电动机处短路时，电压下降不大，网络电压仍大于电动机电压，电动机仍处于电动机运行状态，不可能提供短路电流。

改进算法流程图如图 6-3 所示。

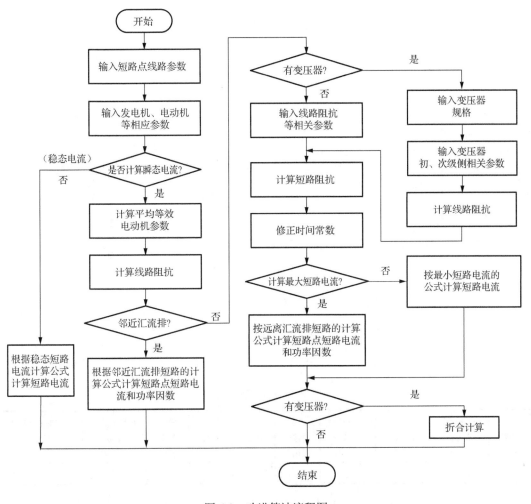

图 6-3　改进算法流程图

6.6　算　例

结合电力系统网络图（图 6-4）所示船舶电力系统进行算例验证，主发电机选用三台相同型号的发电机，分别用 GJB-173 法和改进算法计算选定短路点短路电流，比较分析计算结果。

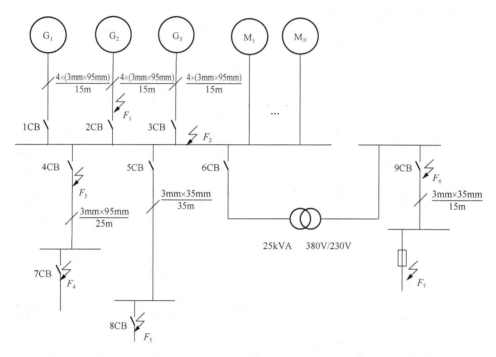

图 6-4　电力系统网络图

最严重的短路发生在 3 台发电机组并联馈送短路电流时。发电机参数如表 6-3 所示。

表 6-3　发电机参数表

电枢电阻 R_a/mΩ	直轴次暂态电抗 X_d''/Ω	直轴暂态电抗 X_d'/Ω	直轴同步电抗 X_d/Ω	额定容量 S/kW	额定电压 U/V	额定电流 I/A	额定频率 f/Hz	超瞬态时间常数 T_d''/ms	非周期分量衰减时间常数 T_a/ms
1.45	0.101	0.173	3.38	1168	400	2100	50	5	27

电动机的数量为 144 台，总功率为 1860kW，共分 4 个型号，型号 A 有 50 台，型号 B 有 40 台，型号 C 有 50 台，型号 D 有 4 台，其参数如表 6-4 所示。

表 6-4　电动机参数表　　　　　　　　　（单位：kW）

型号 A 功率	型号 B 功率	型号 C 功率	型号 D 功率
2	9	16	150

通过换算，平均等效电动机参数如表 6-5 所示。

表 6-5　平均等效电动机参数表

平均功率 P/kW	平均台数	定子电阻 R_S / mΩ	瞬态电抗 X'_M / mΩ	周期分量瞬态衰减时间常数 T'_{acM} /ms	非周期分量瞬态衰减 时间常数 T_{dcM} /ms
27.16	68.48	145.83	654.28	13.5803	14.1963

电缆阻抗如表 6-6 所示。

表 6-6　电缆阻抗表

电缆	短路点	规格 S/mm^2	长度 l/m	并联根数	阻抗 Z/ mΩ
发电机到母线	F_1	3×95	15	4	0.803+j0.303
母线到短路点	F_5	3×35	35	1	7.490+j2.830

现利用计算程序，用两种算法分别计算 F_1、F_5 两点的短路电流，计算结果如表 6-7 所示。

表 6-7　计算结果

短路点	GJB-173 I_p /kA	GJB-173 I_{avg} /kA	改进 I_p /kA	改进 I_{avg} /kA
F_1	99.206	50.483	85.479	42.178
F_5	43.012	28.909	40.440	27.543

利用 GB-3321 法的计算结果如表 6-8 所示。

表 6-8　GB-3321 法计算结果

短路点	I_p /kA	I_{avg} /kA
F_1	83.919	41.487
F_5	33.996	23.550

由计算结果可以看到，改进算法与 GB-3321 法计算结果更加相近，且介于两种算法之间，说明改进算法有效地减小了 GJB-173 法的正误差，又兼顾了军用船舶对于安全性高要求因而留出的短路电流裕量，同时也说明了改进算法具有较高精度。

第7章 船舶电站的数学模型

7.1 概 述

为了深入理解前面章节所学的内容，掌握船舶电站调速系统、调压系统和发电机组并联运行的原理，本章将建立船舶电站的数学模型，以便读者从机理上了解船舶电站的核心和本质，为今后开展有关船舶电站的科学研究工作打下坚实的基础。本章后面各节内容如下。

7.2 节建立柴油机调速系统的数学模型。首先建立电子调速器和双脉冲调速器的数学模型，然后建立柴油发电机组的数学模型，采用分段线性化的方法解决柴油发电机组的非线性问题，并且利用差分方程的形式加以实现，最后建立柴油机双脉冲调速系统的数学模型。

7.3 节建立柴油发电机组的非线性数学模型。由于柴油发电机组具有高度的非线性，当柴油发电机组运行点改变时，其动态特性会显著改变。为了准确描述柴油发电机组的过渡过程，建立柴油发电机组的非线性数学模型。该模型能准确地反映转速和电压的相互作用和相互影响的关系，体现船舶电力系统的变量耦合性质。首先分别建立柴油发电机组机电暂态过程和电磁暂态过程的数学模型，然后在此基础上建立柴油发电机组统一的数学模型。

7.4 节建立船舶电站负荷的数学模型。船舶电站的负荷有两大类：静负荷和动负荷。这两类负荷是柴油发电机组的负载，本节建立这两类负荷的数学模型，为进行柴油发电机组相关仿真打下良好的基础。

7.5 节建立同步发电机调压系统的数学模型。在船舶电站中应用的扰动补偿型励磁装置中，相复励装置应用最广。以相复励为励磁装置的无刷励磁在船舶电站的励磁装置中占很大的比重。首先分别建立可控相复励装置和无刷励磁同步发电机的数学模型，然后在两个数学模型的基础上，建立同步发电机调压系统的数学模型。

7.6 节建立柴油发电机组并联运行的数学模型。船舶电站通常是两台或两台以上柴油发电机组并联运行，这里建立两台柴油发电机组并联运行的非线性数学模型。该模型将两台柴油发电机组相互作用、相互影响的关系反映出来，准确地描述了两台柴油发电机组功角、转速、电压的变化规律。

7.2　柴油机调速系统的数学模型

船舶电站柴油机调速系统一般由调速器和柴油发电机组组成。首先分别建立调速器和柴油发电机组的数学模型，然后在两者数学模型的基础上，建立柴油机调速系统的数学模型，分析调速系统的动态特性。

7.2.1　调速器的数学模型

对应第 5 章学习的内容，这里建立电子调速器和双脉冲调速器的数学模型。

1. 电子调速器

电子调速器由转速传感器、控制器、执行器和转速调整电位器等组成，首先分析各个元件输入量与输出量之间的关系，然后写出各个元件的传递函数。

转速传感器的输入量是柴油机的转速 n，而输出量是频率与柴油机转速成正比的脉冲电压信号，经过控制器中的频率/电压转换器转换成与柴油机转速成正比的直流电压信号 U_f。为了分析方便，把转速传感器与频率/电压转换器看成一个整体，定义它的增益为 K_1，则它的传递函数为

$$G_1(s) = \frac{U_f(s)}{n(s)} = K_1 \tag{7-1}$$

转速给定电压 r_n 由转速调整电位器提供，它与转速反馈电压 U_f 相互比较获得偏差值 $e_n = r_n - U_f$，e_n 由控制器处理。控制器是一个比例-积分-微分（proportional-integral-derivative，PID）调节器，由比例调节器、积分调节器和微分调节器组成，输入量是偏差电压 e_n，输出量是控制执行器动作的控制电流 I。定义控制器的积分时间常数为 T_1，微分时间常数为 T_2，比例系数为 K_2，则它的传递函数为

$$G_2(s) = \frac{I(s)}{e_n(s)} = K_2 \left(1 + \frac{1}{T_1 s} + T_2 s \right) \tag{7-2}$$

式中，$e_n(s) = r_n - K_1 n(s)$。

把传递函数转变成差分方程为

$$I_{K+1} = I_K + K_2 \left[e_{n_2} - e_{n_1} + \frac{T}{T_1} e_{n_2} + \frac{T_2}{T} (e_{n_2} - 2e_{n_1} + e_{n_0}) \right] \tag{7-3}$$

式中，$e_{n_0} = r_n - K_1 n_{K-1}$，$e_{n_1} = r_n - K_1 n_K$，$e_{n_2} = r_n - K_1 n_{K+1}$，$e_{n_2}$、$e_{n_1}$、$e_{n_0}$ 为本次和前两次的误差；T 为采样周期。

执行器将控制器传来的电流信号 I 转换成与输入信号成比例的输出轴位移 L，定义执行器的时间常数为 T_3，增益为 K_3，则它的传递函数为

$$G_3(s) = \frac{L(s)}{I(s)} = \frac{K_3}{1+T_3s} \tag{7-4}$$

把它转变为差分方程，即

$$L_{K+1} = L_K + \frac{-K_3 I_{K+1} - L_K}{T_3}T \tag{7-5}$$

2. 双脉冲调速器

双脉冲调速器由测速元件、速度转换器、速度调节器、测功元件、负载调节器、执行器和转速调整电位器等组成，首先分析各个元件输入量与输出量之间的关系，然后写出各个元件的传递函数。

测速元件的输入量是柴油机的转速 n，而输出量是与柴油机转速成正比的交流测速电压信号，经过速度转换器输出与柴油机转速成正比的直流电压信号 U_f。为了分析方便，把测速元件与速度转换器看成一个整体，定义它的增益为 K_1，则它的传递函数为

$$G_1(s) = \frac{U_f(s)}{n(s)} = K_1 \tag{7-6}$$

转速给定电压 r_n 由转速调整电位器提供，它与转速反馈电压 U_f 相互比较获得偏差值 $e_n = r_n - U_f$，e_n 由速度调节器处理。速度调节器是一个 PID 调节器，由比例调节器、积分调节器和微分调节器组成，输入量是偏差电压 e_n，输出量是控制执行器动作的调速电压信号 U_1。定义速度调节器的积分时间常数为 T_1，微分时间常数为 T_2，比例系数为 K_2，则它的传递函数为

$$G_2(s) = \frac{U_1(s)}{e_n(s)} = K_2\left(1 + \frac{1}{T_1s} + T_2s\right) \tag{7-7}$$

式中，$e_n(s) = r_n - K_1 n(s)$。

把传递函数转变成差分方程为

$$U_{1K+1} = U_{1K} + K_2\left[e_{n_2} - e_{n_1} + \frac{T}{T_1}e_{n_2} + \frac{T_2}{T}(e_{n_2} - 2e_{n_1} + e_{n_0})\right] \tag{7-8}$$

式中，$e_{n_0} = r_n - K_1 n_{K-1}$，$e_{n_1} = r_n - K_1 n_K$，$e_{n_2} = r_n - K_1 n_{K+1}$，$e_{n_2}$、$e_{n_1}$、$e_{n_0}$ 为本次和前两次的误差；T 为采样周期。

测功元件的输入量是发电机的有功负载变化量 ΔN，而输出量是与发电机有功负载变化量成正比的直流电压信号 U_N。定义测功元件的增益为 K_3，则它的传递函数为

$$G_3(s) = \frac{U_N(s)}{\Delta N(s)} = K_3 \tag{7-9}$$

负载调节器是一个比例调节器，输入量是负载电压信号 U_N，输出量是控制执行器动作的调载电压信号 U_2。定义负载调节器的比例系数为 K_4，则它的传递函数为

$$G_4(s) = \frac{U_2(s)}{U_N(s)} = K_4 \tag{7-10}$$

调速电压信号 U_1 和调载电压信号 U_2 在执行器输入端的合成信号为 U，$U = U_1 + U_2$。

执行器将速度调节器和负载调节器合成的电压信号 U 转换成与输入信号成比例的输出轴位移 L，定义执行机构的时间常数为 T_5，增益为 K_5，则执行器的传递函数为

$$G_5(s) = \frac{L(s)}{U(s)} = \frac{K_5}{1 + T_5 s} \tag{7-11}$$

把它转变为差分方程，即

$$L_{K+1} = L_K + \frac{-K_5 U_{K+1} - L_K}{T_5} T \tag{7-12}$$

7.2.2　柴油发电机组的数学模型

柴油发电机组输入量是调速器输出轴位移 L，而输出量是柴油机转速 n，机组运动方程就是求取 n 随 L 的变化规律。

在平衡工况时，柴油机主力矩 M_1^0 应与发电机阻力矩 M_2^0 保持平衡，即 $M_1^0 = M_2^0$。

若主力矩 M_1 或阻力矩 M_2 改变，则平衡工况被破坏，机组加速或减速，产生惯性力矩、恢复力矩和阻尼力矩。按达朗贝尔原理，机组的运动方程可表示为

$$J \frac{\mathrm{d}\omega_g}{\mathrm{d}t} + K p \omega_g = M_1 - M_2 \tag{7-13}$$

式中，J ——机组转动惯量（为柴油机、发电机及传动装置等转动惯量和）；

　　　ω_g ——柴油机曲轴角速度；

　　　K ——与发电机阻尼绕组电阻成正比的阻尼系数；

　　　p ——发电机磁极对数；

　　　M_1 ——柴油机主力矩；

　　　M_2 ——发电机阻力矩。

柴油机主力矩 M_1 在运行中主要是柴油机转速 n 和调速器输出轴位移 L 的函数，即 $M_1 = f_1(n, L)$。发电机阻力矩 M_2 也主要是柴油机转速 n 和发电机负载功率 N_2 的函数，即 $M_2 = f_2(n, N_2)$。下面分析 M_1 和 M_2 的表达式。

柴油机的速度特性平坦，具有非线性特征，可以用若干个线性段来逼近，从而达到准确研究的目的。综合柴油机的速度特性与调整特性，我们得到 M_1 的表达式：

$$M_{1i} = k_i n + b_i - aL \tag{7-14}$$

式中，$i=1,2,\cdots,n$；对于各个分段，k_i、b_i 取不同的值；$a = \dfrac{M_1^{\mathrm{e}}}{L_{\mathrm{e}}}$，其中 M_1^{e} 为柴油机的最大主力矩（N·m），L_{e} 为双脉冲调速器输出轴的最大行程（mm）。

发电机阻力矩特性线略去空载损耗等，即为发电机的功角特性。对于隐极同步发电机，其功角特性表达式为

$$P_{\mathrm{d}} = m \frac{UE_0}{x_{\mathrm{d}}} \sin\theta \tag{7-15}$$

式中，P_{d} ——发电机输出电磁功率；

$\quad\quad m$ ——相数；

$\quad\quad U$ ——端电压；

$\quad\quad E_0$ ——发电机空载电势；

$\quad\quad x_{\mathrm{d}}$ ——发电机同步电抗；

$\quad\quad \theta$ ——发电机电势 $\dot{E}_0$ 和端电压 $\dot{U}$ 夹角。

将 P_{d} 与 θ 的关系绘成曲线，是一条正弦曲线，最大值出现在 $\theta = 90°$。假设额定功角 $\theta_{\mathrm{N}} = 30°$，额定功率为 P_{N}，因此又可将式（7-15）写成

$$P_{\mathrm{d}} = 2P_{\mathrm{N}} \sin\theta \tag{7-16}$$

θ 角与发电机负荷和柴油机转速都有关系，可以将 θ 角分为两部分，表示为

$$\theta = \theta_m + \Delta\theta_t \tag{7-17}$$

式中，θ_m ——对应于某一负荷平衡工况的功角，它是常量（稳态值）；

$\quad\quad \Delta\theta_t$ ——绕平衡工况振荡时的瞬时功角，它是变量（瞬态值）。

θ_m 标志着发电机的负荷量，突加某一负荷意味着突加一个功角 θ_m。当柴油机拖动同步发电机时，柴油机转速 n 同发电机功角 θ 成正比，因此有

$$\Delta\theta_t = k\Delta n \tag{7-18}$$

式中，$k = \dfrac{\Delta\theta_{t\max}}{\Delta n_{\max}}$。

设励磁调节器保证电压不变，忽略转速变化对电压的影响，则

$$M_2 = 9.55\frac{N_2}{n} = 9.55\frac{P_d}{n} = 9.55 \cdot \frac{2P_N \sin(\theta_m + k\Delta n)}{n} = \frac{19.1P_N \sin(\theta_m + k\Delta n)}{n} \quad (7\text{-}19)$$

M_2 随负荷与转速变化。发电机空载时，$\theta_m = 0$，$\Delta n = 0$，$M_2 = 0$；发电机负载时，θ_m 取一定的数值，在功角未达到平衡工况时，Δn 起作用，$\theta = \theta_m + k\Delta n$，振荡结束后，$\Delta n = 0$，$\theta = \theta_m$。式（7-19）可用于系统动态分析的计算。

柴油机转速 n 与曲轴角速度 ω_g 的关系为

$$\omega_g = \frac{2\pi n}{60} \quad (7\text{-}20)$$

代入式（7-13）得

$$J\frac{\pi}{30}\frac{\mathrm{d}n}{\mathrm{d}t} + \frac{Kp\pi}{30}n = M_1 - M_2 \quad (7\text{-}21)$$

令 $T_a = J\frac{\pi}{30}$，$T_b = \frac{Kp\pi}{30}$，则式（7-21）变为

$$T_a\frac{\mathrm{d}n}{\mathrm{d}t} + T_b n = M_1 - M_2 \quad (7\text{-}22)$$

对式（7-22）的微分方程离散化，可得柴油发电机组的差分方程：

$$T_a\frac{n_{K+1} - n_K}{T} + T_b n_K = M_1 - M_2 \quad (7\text{-}23)$$

$$n_{K+1} = n_K + \frac{T}{T_a}(M_1 - M_2 - T_b n_K) \quad (7\text{-}24)$$

把式（7-14）、式（7-19）、式（7-24）联立起来，就得到柴油发电机组的差分方程：

$$\begin{cases} M_{1i} = k_i n_K + b_i - aL_k, \quad i = 1, 2, \cdots, n \\ M_2 = \dfrac{19.1P_N \sin[\theta_m + k(n_K - n_{K-1})]}{n_K} \\ n_{K+1} = n_K + \dfrac{T}{T_a}(M_{1i} - M_2 - T_b n_K), \quad i = 1, 2, \cdots, n \end{cases} \quad (7\text{-}25)$$

7.2.3　柴油机双脉冲调速系统的数学模型

柴油机双脉冲调速系统原理图见图 5-4。将双脉冲调速器的差分方程与柴油发电机组的差分方程结合起来，就得到柴油机双脉冲调速系统的差分方程，其形式为

$$\begin{cases} M_{1i} = k_i n_K + b_i - a L_K, \quad i = 1, 2, \cdots, n \\ M_2 = \dfrac{19.1 P_N \sin[\theta_m + k(n_K - n_{K-1})]}{n_K} \\ n_{K+1} = n_K + \dfrac{T}{T_a}(M_{1i} - M_2 - T_b n_K), \quad i = 1, 2, \cdots, n \\ e_{n_0} = r_n - K_1 n_{K-1} \\ e_{n_1} = r_n - K_1 n_K \\ e_{n_2} = r_n - K_1 n_{K+1} \\ U_{1K+1} = U_{1K} + K_2 \left[e_{n_2} - e_{n_1} + \dfrac{T}{T_1} e_{n_2} + \dfrac{T_2}{T}(e_{n_2} - 2e_{n_1} + e_{n_0}) \right] \\ U_2 = K_3 K_4 \Delta N \\ U_{K+1} = U_{1K+1} + U_2 \\ L_{K+1} = L_K + \dfrac{-K_5 U_{K+1} - L_K}{T_5} T \end{cases} \tag{7-26}$$

在上述方程中代入必要的参数就可以进行计算机仿真，研究柴油机双脉冲调速系统的动态特性。

7.3　柴油发电机组的非线性数学模型

船舶电站通常以柴油机拖动同步发电机组成柴油发电机组，其中柴油机与调速器组成了柴油机调速系统，同步发电机与调压器组成了同步发电机调压系统。柴油发电机组是船舶电站的控制对象，船舶电力系统的稳定性主要取决于船舶电站柴油发电机组转速和电压的响应特性。对船舶电力系统稳定性问题开展研究，必须建立柴油发电机组精确的数学模型。

由于船舶电力系统具有高度的非线性，当系统运行点改变时，系统的动态特性会显著改变。为了对船舶电力系统的过渡过程进行分析，本节将建立船舶电站柴油发电机组的非线性数学模型，以准确地反映船舶电力系统的变化规律。首先分别建立柴油发电机组机电暂态过程和电磁暂态过程的数学模型，然后在此基础上建立柴油发电机组统一的数学模型。

7.3.1　柴油发电机组机电暂态过程的数学模型

在柴油机运转过程中，主要的独立参数有两个：转速 n 和有效功率 N_e（或平均有效压力 p_e 或主力矩 M_1）。n、N_e、p_e、M_1 之间的关系是

$$N_e = \frac{2p_e V_1 n}{60\tau} = \frac{p_e V_1 n}{30\tau} = K_1 p_e n \tag{7-27}$$

$$M_1 = \frac{60}{2\pi} \cdot \frac{N_e}{n} = 9.55 \frac{N_e}{n} = K_2 p_e \tag{7-28}$$

式中，N_e——柴油机有效功率（输出轴功率）；

n——柴油机转速；

τ——柴油机冲程系数，对每转发火一次的二冲程柴油机 $\tau=1$，对每两转发火一次的四冲程柴油机 $\tau=2$；

p_e——平均有效压力；

V_1——气缸工作容积；

M_1——柴油机输出轴扭矩，或称主力矩；

$K_1 = \dfrac{V_1}{30\tau}$，对于柴油机是一常数；

$K_2 = 9.55K_1$，常数。

由式（7-28）可知主力矩 M_1 与平均有效压力 p_e 成正比，因此，在 N_e、n、M_1（或 p_e）三个参数中，只要知道其中两个，按式（7-27）就可求出第三个，因为独立变化的参数只有两个，两个参数一给定，柴油机的运行工况随之被决定。

柴油机是把燃料热能转化为机械能的动力机。由于作用在活塞上的气体压力、曲柄连杆机构往复惯性力以及重力等都是曲轴角的周期函数，所以柴油机输出轴主力矩也是曲轴角的周期函数。由于柴油机是一种往复式发动机，输出转矩是不均匀的。多缸柴油机中各缸供油量的不均匀或各循环间的供油量不稳也会造成输出转矩不均匀，在柴油机转矩中出现低频干扰力矩。另外，柴油机与发电机对接时同心度不够准确，同样会使柴油机转矩产生脉动。由于柴油机主力矩 M_1 是脉动转矩，因此必须把它视为各次谐波力矩的组合，即可将其分解成傅里叶级数形式，即

$$M_1 = M_P + \sum_{\nu=1}^{\infty}(A_\nu \cos\nu\omega_0 t + B_\nu \sin\nu\omega_0 t) = M_P + \sum_{\nu=1}^{\infty} M_\nu^0 \sin(\nu\omega_0 t + \varphi_\nu) \tag{7-29}$$

式中，M_P——一周期中的平均力矩值；

ν——谐波次数；

M_ν^0——ν 次谐波力矩幅值；

ω_0——基谐波力矩角频率；

φ_ν ——ν 次谐波力矩初相位；

A_ν、B_ν ——ν 次傅里叶级数的系数。

M_ν^0、φ_ν 与 A_ν、B_ν 之间的关系由傅里叶级数公式可表示为

$$\begin{cases} M_\nu^0 = \sqrt{A_\nu^2 + B_\nu^2} \\ \varphi_\nu = \tan^{-1}\dfrac{A_\nu}{B_\nu} \end{cases} \tag{7-30}$$

由傅里叶级数知：

$$\begin{cases} M_\mathrm{P} = \dfrac{1}{2\pi}\int_0^{2\pi} M_1 \mathrm{d}(\omega_0 t) \\ A_\nu = \dfrac{1}{\pi}\int_0^{2\pi} M_1 \cos(\nu\omega_0 t)\mathrm{d}(\omega_0 t) \\ B_\nu = \dfrac{1}{\pi}\int_0^{2\pi} M_1 \sin(\nu\omega_0 t)\mathrm{d}(\omega_0 t) \end{cases} \tag{7-31}$$

基波（$\nu=1$）力矩角频率 ω_0 与柴油机曲轴角速度 ω_g（或转速 n）、气缸数 i、冲程系数 τ 的关系为

$$\omega_0 = \frac{i\omega_\mathrm{g}}{\tau} = i\frac{n\pi}{30\tau} \tag{7-32}$$

式中，ω_0 ——基波力矩角频率；

n ——柴油机转速；

τ ——柴油机冲程系数，对每转发火一次的二冲程柴油机 $\tau=1$，对每两转发火一次的四冲程柴油机 $\tau=2$；

i ——气缸数；

ω_g ——柴油机曲轴角速度。

通过简谐分析，根据式（7-31）首先求出 M_P、A_ν、B_ν，再由式（7-30）算出 M_ν^0、φ_ν。求取 M_ν^0、φ_ν 的简谐分析一般有机械法、作图法、表格计算法。

从上述讨论知，柴油机主力矩 M_1 是许多谐波力矩之和，如将式（7-29）展开，则

$$M_1 = M_\mathrm{P} + M_1^0\sin(\omega_0 t + \varphi_1) + M_2^0\sin(2\omega_0 t + \varphi_2) + M_3^0\sin(3\omega_0 t + \varphi_3) + \cdots \tag{7-33}$$

在式（7-33）中，除第一项为常数外，其余都是振幅、相位、频率不同的谐波力矩。

不同用途的柴油机均安装不同惯量的飞轮，以保持柴油机输出力矩在允许范围内变动。对交流电站用柴油机，其飞轮回转不均匀度为 0.0033～0.0067，这样大的飞轮矩已确保柴油机输出力矩是接近均匀的。所以在柴油机正常运行情况下，输出主力矩的不均匀性是可以略去不计的。

于是式（7-33）变为

$$M_1 = M_P \tag{7-34}$$

柴油机转速随轴负载功率变化的关系称负荷特性。柴油机转速随主力矩变化的关系称转矩转速特性。转矩转速特性与喷油泵齿杆位置有关。当喷油泵齿杆位置有不同给定值时，柴油机的主力矩随转速的变化对应一族特性。柴油机的速度特性是一条光滑的曲线，阻力矩稍有变化，将引起转速大幅度变化，因此柴油机必须安装调速器。

转速给定时，柴油机主力矩 M_1 随齿杆位移 h 的变化关系（图 7-1）被称为柴油机的调整特性。调整特性表示作为控制量的齿杆位移 h 对输出主力矩 M_1 所能产生的调整作用的大小。

在图 7-1 中，当齿杆位移 h 增大时，喷油泵减油，主力矩 M_1 减小；反之，当 h 减小时，喷油泵增油，M_1 增大。安装调速器后，对柴油机转矩的调节作用将由调速器完成。

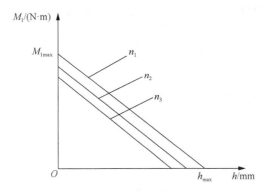

图 7-1 柴油机的调整特性（控制量为齿杆位移）

柴油机的转矩转速特性可认为是一族光滑的曲线，可以用若干个直线段来逼近。将柴油机的转矩转速特性分成 m 段，则每一段可写成

$$M_{1i} = k_i n + b_i \tag{7-35}$$

式中，k_i，b_i——常数，对于各个分段，k_i，b_i 取不同的值，$i = 1,2,\cdots,m$。

图 7-2 为以执行器输出轴位移 L 为横轴的柴油机的调整特性。当 $L = L_0$ 时，$M_1 = 0$，柴油机空载供油；当 $L = L_e$ 时，$M_1 = M_1^e$，柴油机额定供油，主力矩 M_1 与执行器输出轴位移 L 呈线性关系，由于柴油机主力矩存在一定的滞后，则

$$M_1 = a[L(t - T_d) - L_0] \tag{7-36}$$

式中，L_0——执行器输出轴的空载行程；

a——常数，$a = \dfrac{M_1^e}{L_e - L_0}$，$M_1^e$ 为柴油机的额定主力矩，L_e 为执行器输出轴的额定行程；

T_d——柴油机主力矩滞后时间。

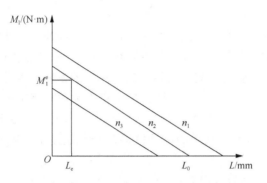

图 7-2　柴油机的调整特性（控制量为执行器输出轴位移）

综合柴油机的速度特性与调整特性可以得到 M_1 的表达式为

$$M_1 = k_i n + b_i + a[L(t - T_d) - L_0] \tag{7-37}$$

式中，$i = 1, 2, \cdots, m$。

取额定转速所在的分段的表达式为

$$M_1 = k_1 n + b_1 + a[L(t - T_d) - L_0] \tag{7-38}$$

定义

$$d_1 = b_1 - aL_0$$

则式（7-38）可写为

$$M_1 = k_1 n + d_1 + aL(t - T_d) \tag{7-39}$$

柴油机主力矩滞后时间 T_d 决定于柴油机的转速、气缸数和冲程数，一般可按下式估算其范围：

$$\frac{15}{n} < T_d < \frac{15}{n} + \frac{60\tau}{ni} \tag{7-40}$$

柴油机调速系统转速的过渡过程时间为 3～5s，T_d 与其相比非常微小，可以忽略不计。于是式（7-39）变为

$$M_1 = k_1 n + d_1 + aL \tag{7-41}$$

柴油机转速 n 与曲轴角速度 ω_g 的关系为

$$n = \frac{60\omega_g}{2\pi} \tag{7-42}$$

代入式（7-41）得

$$M_1 = \frac{60k_1\omega_g}{2\pi} + d_1 + aL \tag{7-43}$$

考虑同步发电机阻尼力矩 M_y 的作用，则柴油发电机组运动的动力学方程可表示为

$$J\frac{\mathrm{d}\omega_g}{\mathrm{d}t} + M_y = M_1 - M_2 \tag{7-44}$$

式中，J ——机组轴系转动惯量（包括柴油机、发电机及传动装置等转动惯量）；

　　　ω_g ——柴油机轴角速度，即曲轴角速度；

　　　M_1 ——柴油机输出轴称主力矩；

　　　M_2 ——发电机作为负载引起的阻力矩；

　　　M_y ——同步发电机阻尼力矩。

阻尼力矩 M_y 由同步发电机的阻尼绕组产生，其特点是同发电机转子的电角速度成正比，可由下式计算：

$$M_y = K\omega = Kp\omega_g \tag{7-45}$$

式中，K ——与发电机阻尼绕组电阻成正比的阻尼系数；

　　　ω ——同步发电机转子的电角速度；

　　　p ——发电机磁极对数。

将式（7-43）、式（7-45）代入式（7-44）可得

$$J\frac{\mathrm{d}\omega_g}{\mathrm{d}t} + Kp\omega_g = \frac{60k_1\omega_g}{2\pi} + d_1 + aL - M_2 \tag{7-46}$$

在船舶电力系统动态稳定性分析中，一般电流、电压、转速等变量都采用标幺值，为了形式的统一，可以将式（7-46）标幺化。这样只需将机械角速度转化为电角速度，然后将功率、转矩、角速度标幺化，用以研究柴油机的转速响应特性。

取柴油发电机组的额定视在功率 S_B 为功率的基准值，取 $\omega_0 = 100\pi$ 为角速度的基准值。将式（7-46）标幺化得

$$T_a \frac{\mathrm{d}\omega}{\mathrm{d}t} = T_b\omega + c_1 + c_2 L - M_2 \tag{7-47}$$

式中，$T_a = \dfrac{J\omega_{g0}^2}{S_B}$，$\omega_{g0} = 100\pi/p$；

$T_b = \dfrac{60k_1\omega_{g0}^2 - 2\pi Kp\omega_{g0}^2}{2\pi S_B}$；

$c_1 = \dfrac{d_1\omega_{g0}}{S_B}$；

$c_2 = \dfrac{a\omega_{g0}}{S_B}$；

ω——电角速度。

M_2——发电机阻力矩。

ω 和 M_2 为标幺值，L 和 t 为有名值。

M_2 略去空载转矩和绕组损耗，等于同步发电机的输出转矩，即

$$M_2 = \frac{P_e}{\omega} \tag{7-48}$$

式中，P_e——同步发电机的输出功率。

将式（7-48）代入式（7-47）得

$$T_a \frac{\mathrm{d}\omega}{\mathrm{d}t} = T_b\omega + c_1 + c_2 L - \frac{P_e}{\omega} \tag{7-49}$$

在进行稳定性分析或控制系统设计时，为计算方便起见，通常对式（7-49）做近似处理：认为在暂态过程中角速度 ω 变化不大，约等于同步转速，即 $\omega \approx 1$。于是式（7-49）变为

$$T_a \frac{\mathrm{d}\omega}{\mathrm{d}t} = T_b\omega + c_1 + c_2 L - P_e \tag{7-50}$$

式（7-50）两边同除以 T_a 得到

$$\frac{\mathrm{d}\omega}{\mathrm{d}t} = \frac{T_b}{T_a}\omega + \frac{1}{T_a}c_1 + \frac{c_2}{T_a}L - \frac{1}{T_a}P_e \tag{7-51}$$

凸极发电机的输出功率为

$$P_e = \frac{E_q' U}{X_d'} \sin\delta + \frac{U^2}{2} \frac{X_d' - X_q}{X_d' X_q} \sin 2\delta \tag{7-52}$$

式中，U——发电机端电压；

$\quad E_q'$——q 轴暂态电势；

$\quad X$——各绕组电抗；

$\quad \delta$——发电机功角。

对于隐极同步发电机有

$$P_e = \frac{E_q' U}{X_d'} \sin\delta + \frac{U^2}{2} \frac{X_d' - X_d}{X_d' X_d} \sin 2\delta \tag{7-53}$$

发电机功角 δ 与电角速度 ω 的关系为

$$\frac{\mathrm{d}\delta}{\mathrm{d}t} = (\omega - 1)\omega_0 \tag{7-54}$$

式中，ω 为标幺值；δ 和 t 为有名值。

将式（7-52）代入式（7-51），并与式（7-54）联立就得到柴油发电机组机电暂态过程的数学模型：

$$\begin{cases} \dfrac{\mathrm{d}\delta}{\mathrm{d}t} = (\omega - 1)\omega_0 \\ \dfrac{\mathrm{d}\omega}{\mathrm{d}t} = \dfrac{T_b}{T_a}\omega + \dfrac{1}{T_a}c_1 + \dfrac{c_2}{T_a}L - \dfrac{1}{T_a}\dfrac{E_q' U}{X_d'}\sin\delta - \dfrac{1}{T_a}\dfrac{U^2}{2}\dfrac{X_d' - X_q}{X_d' X_q}\sin 2\delta \end{cases} \tag{7-55}$$

从式（7-55）可知，该方程具有非线性特征。

7.3.2　柴油发电机组电磁暂态过程的数学模型

在船舶电力系统运行过程中，励磁控制是最基本的和必不可少的。对于船舶电力系统的各种扰动来说，既有电磁过渡过程，也有机电过渡过程，两者同时开始，电磁过渡过程较快，机电过渡过程较慢。电力系统动态研究的一系列课题无一不和励磁控制密切相关。同步发电机是励磁控制系统的控制对象，研究励磁系统的动态特性离不开对同步发电机动态特性的分析。

从电磁观点来看，同步发电机可看作一些相互耦合的线圈。这些线圈包括定子三相绕组、转子励磁绕组和转子阻尼绕组。根据转子结构的不同，同步发电机可分为凸极发电机和隐极机。除转子磁极对数不同外，二者之间的主要区别在于后者定子、转子之间气隙均匀。凸极发电机转子磁极的极面上有时嵌入短接的铜条，称为阻尼绕组。隐极机一般无外加阻尼条组成的阻尼绕组。但大型同步发电机转子一般是由均一锻成体构成，这时转子表面相当于有无数根阻尼条起阻尼作用。

船舶交流发电机最普通的形式是凸极发电机。在下面的分析中，假定同步发电机为理想电机，即：①忽略铁心磁饱和的影响，磁导率为常数；②电机磁路和绕组完全对称；③忽略谐波磁动势、谐波磁通及相应的谐波电动势的影响。

根据同步电机的双反应理论，三相平衡定子电流产生的合成磁场可以由两个轴线相互垂直的磁场所代替，可以将三相绕组的同步电机转化为 d、q 两轴绕组的等值电机，两个绕组与转子同步旋转，进行有关分析、计算，从而使坐标系 $O\text{-}abc$ 的变系数微分方程组转换为坐标系 $O\text{-}dq$ 的常系数微分方程组。这就是著名的派克变换。

将以标幺值表示的凸极发电机在坐标系 $O\text{-}dq$ 中的磁链方程、电压方程写在一起，可得到派克方程：

$$\begin{cases} \Psi_d = -X_d I_d + X_{ad} I_f + X_{ad} I_D \\ \Psi_q = -X_q I_q + X_{aq} I_Q \\ \Psi_0 = -X_0 I_0 \\ \Psi_f = -X_{ad} I_d + X_{ff} I_f + X_{fD} I_D \\ \Psi_D = -X_{ad} I_d + X_{Df} I_f + X_{DD} I_D \\ \Psi_Q = -X_{aq} I_q + X_{QQ} I_Q \\ U_d = p\Psi_d - \omega\Psi_q - RI_d \\ U_q = p\Psi_q + \omega\Psi_d - RI_q \\ U_0 = p\Psi_0 - RI_0 \\ U_f = p\Psi_f + R_f I_f \\ 0 = p\Psi_D + R_D I_D \\ 0 = p\Psi_Q + R_Q I_Q \end{cases} \tag{7-56}$$

式中，U ——各绕组端电压；

Ψ ——各绕组总磁链；

R ——各绕组电阻；

X ——各绕组电抗；

I ——各绕组电流；

p ——微分操作数；

ω ——转子的电角速度。

派克方程描述了同步电机定子、转子各绕组的电磁暂态过程。如果直接采用这种模型进行电力系统暂态过程的分析、计算，虽然很准确，但存在以下问题：首先是模型阶数过高。一台发电机即使不考虑零轴绕组，仍为七阶微分方程。其次，对应于 Ψ_d、Ψ_q 的定子非周期分量变化的时间常数很小，在进行数值积分计算时需要采用极小的步长（0.0001～0.0005s），计算时间长。因此，只有在特殊情况，如计算发电机自激等涉及发电机定子回路电磁暂态过程的问题时才采用完整的派克方程。在电力系统稳定性分析和计算以及控制器设计中，一般根据所研究问题的精度要求、待研究系统的规模大小，采用不同程度的简化模型（或称实用模型）。

柴油发电机组电磁暂态过程的数学模型包括同步发电机定子电压平衡方程和转子各绕组电磁暂态方程。同步发电机模型所做的简化为：①忽略定子绕组暂态，即令 $p\Psi_d = p\Psi_q = 0$；②仅考虑正序分量对发电机暂态过程的影响，略去派克方程中的零轴磁链电压方程。经过这样的简化，派克方程变为

$$\begin{cases} \Psi_d = -X_d I_d + X_{ad} I_f + X_{ad} I_D \\ \Psi_q = -X_q I_q + X_{aq} I_Q \\ \Psi_f = -X_{ad} I_d + X_{ff} I_f + X_{fD} I_D \\ \Psi_D = -X_{ad} I_d + X_{Df} I_f + X_{DD} I_D \\ \Psi_Q = -X_{aq} I_q + X_{QQ} I_Q \\ U_d = -R I_d - \omega \Psi_q \\ U_q = -R I_q + \omega \Psi_d \\ U_f = p\Psi_f + R_f I_f \\ 0 = p\Psi_D + R_D I_D \\ 0 = p\Psi_Q + R_Q I_Q \end{cases} \tag{7-57}$$

上述简化的派克方程中所用的一些参数和变量并非工程实际中常用的参数和变量。因此，需对上述方程做一些变换，例如将磁链转换为电动势，以利于理解和应用。

经过整理变换可得

$$\begin{cases} T_{d0} \dfrac{dE_q'}{dt} = E_{fd} - E_q \\ T_{d0}'' \dfrac{dE_q''}{dt} = -E_q'' + E_q' - (X_d' - X_d'')I_d + c T_{d0}'' \dfrac{dE_q'}{dt} \\ T_{q0}'' \dfrac{dE_d''}{dt} = -E_d'' + (X_q - X_q'')I_q \\ E_q = E_q' + (X_d - X_d')I_d \\ U_d = -R I_d + \omega X_q'' I_q + \omega E_d'' \\ U_q = -R I_q - \omega X_d'' I_d + \omega E_q'' \end{cases} \tag{7-58}$$

式中，X'_d——d 轴暂态电抗，$X'_d = X_d - \dfrac{X^2_{ad}}{X_{ff}}$；

$\qquad X''_d$——d 轴次暂态电抗，$X''_d = X_d - \dfrac{X^2_{ad}X_{ff} - 2X^2_{ad}X_{fD} + X^2_{ad}X_{DD}}{X_{DD}X_{ff} - X^2_{fD}}$；

$\qquad X''_q$——q 轴次暂态电抗，$X''_q = X_q - \dfrac{X^2_{aq}}{X_{QQ}}$；

$\qquad E''_d$——d 轴次暂态电势，$E''_d = -\dfrac{X_{aq}}{X_{QQ}}\Psi_Q$；

$\qquad E_q$——q 轴电势，$E_q = X_{ad}I_f$；

$\qquad E'_q$——q 轴暂态电势，$E'_q = \dfrac{X_{ad}}{X_{ff}}\Psi_f$；

$\qquad E''_q$——q 轴次暂态电势，$E''_q = \dfrac{X'_d - X''_d}{X'_d - X_1}\Psi_D + \dfrac{X''_d - X_1}{X'_d - X_1}\dfrac{X_{ad}}{X_{ff}}\Psi_f$，$X_1$ 为定子绕组漏电抗，

$X_1 = X_d - X_{ad}$；

$\qquad E_{fd}$——励磁绕组电压，$E_{fd} = X_{ad}\dfrac{U_f}{R_f}$；

$\qquad T_{d0}$——励磁绕组时间常数，$T_{d0} = \dfrac{X_{ff}}{R_f}$；

$\qquad T''_{d0}$——定子侧开路时 d 轴次暂态绕组时间常数，$T''_{d0} = \dfrac{X_{DD} - \dfrac{X^2_{fD}}{X_{ff}}}{R_D}$；

$\qquad T''_{q0}$——定子侧开路时 q 轴次暂态绕组时间常数，$T''_{q0} = \dfrac{X_{QQ}}{R_Q}$；

$\qquad c$——常数，$c = \dfrac{X''_d - X_1}{X'_d - X_1}$；

$\qquad U_d$——定子绕组 d 轴电压；

$\qquad U_q$——定子绕组 q 轴电压。

上述这种数学模型连同发电机转子角度、角速度运动方程共有五个一阶微分方程，故通常又称为发电机五阶模型。该模型计及了阻尼绕组作用。

式（7-58）转化成同步发电机电磁暂态方程的标准形式为

$$
\begin{cases}
\dfrac{\mathrm{d}E_q'}{\mathrm{d}t} = \dfrac{1}{T_{d0}}E_{fd} - \dfrac{1}{T_{d0}}E_q' - \dfrac{X_d - X_d'}{T_{d0}}I_d \\[3mm]
\dfrac{\mathrm{d}E_q''}{\mathrm{d}t} = \dfrac{c}{T_{d0}}E_{fd} + \left(\dfrac{1}{T_{d0}''} - \dfrac{c}{T_{d0}}\right)E_q' - \dfrac{1}{T_{d0}''}E_q'' - \left(\dfrac{X_d' - X_d''}{T_{d0}''} + \dfrac{cX_d - cX_d'}{T_{d0}}\right)I_d \\[3mm]
\dfrac{\mathrm{d}E_d''}{\mathrm{d}t} = -\dfrac{1}{T_{q0}''}E_d'' + \dfrac{X_q - X_q''}{T_{q0}''}I_q \\[3mm]
U_d = -RI_d + \omega X_q''I_q + \omega E_d'' \\[2mm]
U_q = -RI_q - \omega X_d''I_d + \omega E_q'' \\[2mm]
U = \sqrt{U_d^2 + U_q^2}
\end{cases}
\tag{7-59}
$$

式中，U ——定子绕组端电压。

7.3.3　柴油发电机组统一的数学模型

柴油发电机组的数学模型由机电暂态过程的数学模型和电磁暂态过程的数学模型两部分组成，变量之间具有耦合特征，模型中含有非线性的部分，分析起来比较复杂。将式（7-55）和式（7-59）联立起来，就得到了柴油发电机组统一的数学模型。

$$
\begin{cases}
\dfrac{\mathrm{d}\delta}{\mathrm{d}t} = (\omega - 1)\omega_0 \\[3mm]
\dfrac{\mathrm{d}\omega}{\mathrm{d}t} = \dfrac{T_b}{T_a}\omega + \dfrac{1}{T_a}c_1 + \dfrac{c_2}{T_a}L - \dfrac{1}{T_a}\dfrac{E_q'U}{X_d'}\sin\delta - \dfrac{1}{T_a}\dfrac{U^2}{2}\dfrac{X_d' - X_q}{X_d'X_q}\sin 2\delta \\[3mm]
\dfrac{\mathrm{d}E_q'}{\mathrm{d}t} = \dfrac{1}{T_{d0}}E_{fd} - \dfrac{1}{T_{d0}}E_q' - \dfrac{X_d - X_d'}{T_{d0}}I_d \\[3mm]
\dfrac{\mathrm{d}E_q''}{\mathrm{d}t} = \dfrac{c}{T_{d0}}E_{fd} + \left(\dfrac{1}{T_{d0}''} - \dfrac{c}{T_{d0}}\right)E_q' - \dfrac{1}{T_{d0}''}E_q'' - \left(\dfrac{X_d' - X_d''}{T_{d0}''} + \dfrac{cX_d - cX_d'}{T_{d0}}\right)I_d \\[3mm]
\dfrac{\mathrm{d}E_d''}{\mathrm{d}t} = -\dfrac{1}{T_{q0}''}E_d'' + \dfrac{X_q - X_q''}{T_{q0}''}I_q \\[3mm]
U_d = -RI_d + \omega X_q''I_q + \omega E_d'' \\[2mm]
U_q = -RI_q - \omega X_d''I_d + \omega E_q'' \\[2mm]
U = \sqrt{U_d^2 + U_q^2}
\end{cases}
\tag{7-60}
$$

式（7-60）是柴油发电机组的非线性数学模型，该模型将转速与电压相互作用、相互影响的关系反映出来，更准确地描述了转速和电压的变化规律。

7.4 船舶电站负荷的数学模型

船舶电站的负荷有两大类：静负荷和动负荷。静负荷是指船舶的电热装置和照明设备，占总负荷的比例比较小；动负荷是指异步电动机拖动装置，如舵机、锚机、水泵、压缩机、风机、起货机等，它们的特性各不相同，占总负荷的比例比较大。下面分别给出这两类负荷的数学模型。

7.4.1 静负荷的数学模型

假设静负荷为三相对称的电阻-电感混合负荷，即电阻相等 $r_a=r_b=r_c=r_e$，电感相等 $L_a=L_b=L_c=L_e$。在坐标系 $O\text{-}abc$ 中，电阻-电感混合负荷的微分方程组为

$$\begin{bmatrix} i_a \\ i_b \\ i_c \end{bmatrix} = \begin{bmatrix} -r_e/L_e & 0 & 0 \\ 0 & -r_e/L_e & 0 \\ 0 & 0 & -r_e/L_e \end{bmatrix}\begin{bmatrix} i_a \\ i_b \\ i_c \end{bmatrix} + \begin{bmatrix} 1/L_e & 0 & 0 \\ 0 & 1/L_e & 0 \\ 0 & 0 & 1/L_e \end{bmatrix}\begin{bmatrix} u_a \\ u_b \\ u_c \end{bmatrix} \tag{7-61}$$

式中，u——相电压；

$\quad\quad i$——相电流。

因为船舶电力系统无中线，故在派克变换中可不考虑零序分量。取某一同步发电机的 $d\text{-}q$ 轴为参考系，经过派克变换可得电阻-电感混合负荷在坐标系 $O\text{-}dq$ 中的微分方程组为

$$\begin{bmatrix} i_d \\ i_q \end{bmatrix} = \begin{bmatrix} -r_e/L_e & \omega \\ -\omega & -r_e/L_e \end{bmatrix}\begin{bmatrix} i_d \\ i_q \end{bmatrix} + \begin{bmatrix} 1/L_e & 0 \\ 0 & 1/L_e \end{bmatrix}\begin{bmatrix} u_d \\ u_q \end{bmatrix} \tag{7-62}$$

7.4.2 动负荷的数学模型

在分析异步电动机负荷时，最常遇到的暂态过程是起动、制动、反转、停车、加速和减速。异步电机中转子的纵轴与横轴没有区别，磁路饱和对过渡过程的影响比较小，这将给分析带来一些方便。

与同步发电机类似，采用派克变换可得到异步电动机的电压方程：

$$\begin{bmatrix} u_d \\ u_q \\ 0 \\ 0 \end{bmatrix} = \begin{bmatrix} r_s & 0 & 0 & 0 \\ 0 & r_s & 0 & 0 \\ 0 & 0 & r_r & 0 \\ 0 & 0 & 0 & r_r \end{bmatrix}\begin{bmatrix} i_{sd} \\ i_{sq} \\ i_{rd} \\ i_{rq} \end{bmatrix} + \begin{bmatrix} -\Psi_{sq}\omega_k \\ \Psi_{sd}\omega_k \\ -(\omega_k-\omega)\Psi_{rq} \\ (\omega_k-\omega)\Psi_{rd} \end{bmatrix} + \frac{d}{dt}\begin{bmatrix} \Psi_{sd} \\ \Psi_{sq} \\ \Psi_{rd} \\ \Psi_{rq} \end{bmatrix} \tag{7-63}$$

式中，有下标"s"的表示定子侧的参数，有下标"r"的表示转子侧的参数；ω_k 代表 d-q 轴的角速度，一般计算时可取 ω_k 等于某一台同步发电机的转子角速度；ω 代表异步电动机的转子角速度。式中所有参数都用标幺值表示。

转子运动方程为

$$\frac{d\omega}{dt} = \frac{1}{H}[x_{ad}(i_{rd}i_{sq} - i_{rq}i_{sd}) - M_c] \tag{7-64}$$

式中，M_c——异步电动机轴上的机械阻力矩，它随拖动机械的不同而具有不同的特性；

x_{ad}——电枢反应电抗；

H——机械时间常数。

磁链方程为

$$\begin{bmatrix} \Psi_{sd} \\ \Psi_{sq} \\ \Psi_{rd} \\ \Psi_{rq} \end{bmatrix} = \begin{bmatrix} x_s & 0 & x_{ad} & 0 \\ 0 & x_s & 0 & x_{ad} \\ x_{ad} & 0 & x_r & 0 \\ 0 & x_{ad} & 0 & x_r \end{bmatrix} \begin{bmatrix} i_{sd} \\ i_{sq} \\ i_{rd} \\ i_{rq} \end{bmatrix} \tag{7-65}$$

将式（7-65）代入式（7-63），并采用矩阵符号表示，则可得到异步电动机的状态方程为

$$\begin{cases} \dot{I} = A_1 I + B_1 U \\ \dfrac{d\omega}{dt} = \dfrac{1}{H}[x_{ad}(i_{rd}i_{sq} - i_{rq}i_{sd}) - M_c] \end{cases} \tag{7-66}$$

式中，$A_1 = -\begin{bmatrix} x_s & 0 & x_{ad} & 0 \\ 0 & x_s & 0 & x_{ad} \\ x_{ad} & 0 & x_r & 0 \\ 0 & x_{ad} & 0 & x_r \end{bmatrix}^{-1} \begin{bmatrix} r_s & -x_s\omega_k & 0 & -x_{ad}\omega_k \\ x_s\omega_k & r_s & x_{ad}\omega_k & 0 \\ 0 & -(\omega_k - \omega)x_{ad} & r_r & -(\omega_k - \omega)x_r \\ (\omega_k - \omega)x_{ad} & 0 & (\omega_k - \omega)x_r & r_r \end{bmatrix}$;

$B_1 = \begin{bmatrix} x_s & 0 & x_{ad} & 0 \\ 0 & x_s & 0 & x_{ad} \\ x_{ad} & 0 & x_r & 0 \\ 0 & x_{ad} & 0 & x_r \end{bmatrix}^{-1}$;

$I = \begin{bmatrix} i_{sd} \\ i_{sq} \\ i_{rd} \\ i_{rq} \end{bmatrix}$;

$$U = \begin{bmatrix} u_d \\ u_q \\ 0 \\ 0 \end{bmatrix}。$$

7.5 同步发电机调压系统的数学模型

目前，在船舶电站和其他移动电站中应用的扰动补偿型励磁装置中，主要是相复励装置和三次谐波励磁装置，其中相复励装置应用最广。它既可以直接以不可控相复励装置的形式给同步发电机励磁，也可以和电压调节器配合，做成复合式可控相复励装置给同步发电机励磁。另外，它既可以以自励的形式给发电机励磁，也可以在交流无刷励磁系统中给同步发电机的交流励磁机励磁。上述三种励磁装置（不可控相复励自励、可控相复励自励以及以相复励为励磁装置的无刷励磁）在船舶电站的励磁装置中占很大的比重。

本节将建立由可控相复励装置和无刷励磁同步发电机组成的调压系统的数学模型。首先分别建立可控相复励装置和无刷励磁同步发电机的数学模型，然后在两个数学模型的基础上建立同步发电机调压系统的数学模型，分析调压系统的动态特性。

7.5.1 可控相复励装置的数学模型

可控相复励装置是以相复励装置为励磁装置主体，加上根据电压偏差信号实现调节的电压调节器组成。同步发电机端电压的变化主要取决于相复励装置，而电压调节器的作用主要是对相复励装置的调节进行校正，保证同步发电机稳定地运行在所需电压工况上。

不考虑控制输入信号的相复励装置的动态结构图如图 7-3 所示。相复励装置的输入量有同步发电机的端电压信号 U、负载电流信号 I 和相位信号 φ，输出量是交流励磁机的励磁电压 U_l。

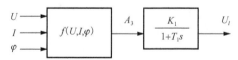

图 7-3　相复励装置的动态结构图

相复励装置的等效合成电势有效值 A_3 可以表示为

$$A_3 = \sqrt{U^2 + (K_3 Ix)^2 + 2UK_3 Ix \sin \varphi} \qquad (7\text{-}67)$$

式中，$K_3 = 9\sqrt{2} / \pi$；

x —— 移相电抗；

φ——功率因数角。电压和电流用 d、q 分量表示，则得

$$A_3 = \sqrt{(U_d - K_3 I_q x)^2 + (U_q + K_3 I_d x)^2} \qquad (7\text{-}68)$$

式（7-68）是一个非线性环节。如果负载为纯感性，则式（7-68）简化为

$$A_3 = U_q + K_3 I_d x = U + K_3 I x \qquad (7\text{-}69)$$

这是一个线性环节。

相复励装置是一种快速励磁系统，从合成电势的输入到交流励磁机励磁电压的改变是瞬间响应的，因此这个过程可看成一个时间常数极小的惯性环节。

不考虑输入信号 u 的相复励装置传递函数可表示为

$$G_1(s) = \frac{U_l(s)}{A_3(s)} = \frac{K_1}{1 + T_1 s} \qquad (7\text{-}70)$$

式中，K_1——相复励装置的增益；

T_1——相复励装置的时间常数。

相应的微分方程为

$$\frac{\mathrm{d}U_l}{\mathrm{d}t} = -\frac{U_l}{T_1} + \frac{K_1}{T_1} A_3 \qquad (7\text{-}71)$$

电压调节器是一个 PI 调节器，由比例调节器和积分调节器组成，输入量是电压偏差 e，输出量是控制相复励装置的信号 u。定义它的积分时间常数为 T_2，比例系数为 K_2，则它的传递函数为

$$G_2(s) = \frac{u(s)}{e(s)} = K_2 \left(1 + \frac{1}{T_2 s} \right) \qquad (7\text{-}72)$$

不考虑合成电势 A_3 的作用，只考虑输入信号 u 的作用，则式（7-71）变为

$$\frac{\mathrm{d}U_l}{\mathrm{d}t} = -\frac{U_l}{T_1} + \frac{K_1}{T_1} u \qquad (7\text{-}73)$$

将输入信号 u 的作用和合成电势 A_3 的作用叠加在一起，则有

$$\frac{\mathrm{d}U_l}{\mathrm{d}t} = -\frac{U_l}{T_1} + \frac{K_1}{T_1} A_3 + \frac{K_1}{T_1} u \qquad (7\text{-}74)$$

在式（7-74）中，励磁电压的变化主要取决于合成电势 A_3 的调节，而输入信号 u 的作用主要是对合成电势 A_3 的调节进行校正，提高同步发电机的调压精度。

7.5.2　无刷励磁同步发电机的数学模型

无刷励磁是把常规发电机定子、转子间的电联系改为磁联系，这就需要一个励磁机与发电机相配合。同步发电机采用旋转磁场式，其转子为励磁绕组；而交流励磁机采用旋转电枢式，其定子为励磁绕组。发电机的励磁绕组和励磁机的电枢绕组固定于同一转轴上，转轴上还有整流器，称为旋转整流器，这样，转子部分自成闭合回路。励磁机的励磁电流则由发电机通过励磁调节装置提供。

交流励磁机将相复励装置的输出信号 U_l 通过旋转整流器转换成发电机励磁绕组电压 E_{fd}，记交流励磁机的时间常数为 T_l，增益为 K_l，则其传递函数可表示为

$$G_l(s) = \frac{E_{fd}(s)}{U_l(s)} = \frac{K_l}{1 + T_l s} \tag{7-75}$$

相应的微分方程为

$$\frac{\mathrm{d}E_{fd}}{\mathrm{d}t} = -\frac{E_{fd}}{T_l} + \frac{K_l}{T_l} U_l \tag{7-76}$$

同步发电机采用五阶模型。所做的简化为：①忽略定子绕组暂态；②忽略转速变化对速度电动势的影响，即令 $\omega = \omega_0 = 1$；③仅考虑正序分量对发电机暂态过程的影响，略去派克方程中的零轴磁链电压方程。

将同步发电机定子电压平衡方程、转子各绕组电磁暂态方程写在一起，即得

$$
\begin{cases}
U_d = -RI_d + X_q'' I_q + E_d'' \\
U_q = -RI_q - X_d'' I_d + E_q'' \\
T_{d0} \dfrac{\mathrm{d}E_q'}{\mathrm{d}t} = E_{fd} - E_q \\
E_q = E_q' + (X_d - X_d') I_d \\
T_{d0}'' \dfrac{\mathrm{d}E_q''}{\mathrm{d}t} = -E_q'' + E_q' - (X_d' - X_d'') I_d + c T_{d0}'' \dfrac{\mathrm{d}E_q'}{\mathrm{d}t} \\
T_{q0}'' \dfrac{\mathrm{d}E_d''}{\mathrm{d}t} = -E_d'' + (X_q - X_q'') I_q
\end{cases}
\tag{7-77}
$$

式中，U——各绕组端电压；

R——定子绕组电阻；

X——各绕组电抗；

I ——各绕组电流；

T ——各绕组时间常数；

E_d'' ——d 轴次暂态电势；

E_q ——q 轴电势；

E_q' ——q 轴暂态电势；

E_q'' ——q 轴次暂态电势；

E_{fd} ——励磁绕组电压；

$c = \dfrac{X_d'' - X_1}{X_d' - X_1}$。

将式（7-77）变换成标准形式，经整理可得

$$\frac{\mathrm{d}E_q'}{\mathrm{d}t} = \frac{1}{T_{d0}} E_{fd} - \frac{1}{T_{d0}} E_q' - \frac{X_d - X_d'}{T_{d0}} I_d \tag{7-78}$$

$$\frac{\mathrm{d}E_q''}{\mathrm{d}t} = \frac{c}{T_{d0}} E_{fd} + \left(\frac{1}{T_{d0}''} - \frac{c}{T_{d0}}\right) E_q' - \frac{1}{T_{d0}''} E_q'' - \left(\frac{X_d' - X_d''}{T_{d0}''} + \frac{cX_d - cX_d'}{T_{d0}}\right) I_d \tag{7-79}$$

$$\frac{\mathrm{d}E_d''}{\mathrm{d}t} = -\frac{1}{T_{q0}''} E_d'' + \frac{X_q - X_q''}{T_{q0}''} I_q \tag{7-80}$$

令 $y = \begin{bmatrix} E_d'' \\ E_q'' \end{bmatrix}$，由式（7-76）、式（7-78）～式（7-80）联立得到无刷励磁同步发电机的方程：

$$\dot{E} = AE + B_1 I + B_2 U_l \tag{7-81}$$

$$y = CE \tag{7-82}$$

式中，$E = \begin{bmatrix} E_{fd} \\ E_q' \\ E_q'' \\ E_d'' \end{bmatrix}$；

$I = \begin{bmatrix} I_d \\ I_q \end{bmatrix}$；

$$A = \begin{bmatrix} -\dfrac{1}{T_l} & 0 & 0 & 0 \\[2ex] \dfrac{1}{T_{d0}} & -\dfrac{1}{T_{d0}} & 0 & 0 \\[2ex] \dfrac{c}{T_{d0}} & \dfrac{1}{T''_{d0}} - \dfrac{c}{T_{d0}} & -\dfrac{1}{T''_{d0}} & 0 \\[2ex] 0 & 0 & 0 & -\dfrac{1}{T''_{q0}} \end{bmatrix};$$

$$B_1 = \begin{bmatrix} 0 & 0 \\[2ex] -\dfrac{X_d - X'_d}{T_{d0}} & 0 \\[2ex] -\dfrac{X'_d - X''_d}{T''_d} - \dfrac{cX_d - cX'_d}{T_{d0}} & 0 \\[2ex] 0 & \dfrac{X_q - X''_q}{T''_{q0}} \end{bmatrix};$$

$$B_2 = \begin{bmatrix} \dfrac{K_l}{T_l} \\[2ex] 0 \\[1ex] 0 \\[1ex] 0 \end{bmatrix};$$

$$C = \begin{bmatrix} 0 & 0 & 0 & 1 \\ 0 & 0 & 1 & 0 \end{bmatrix}。$$

7.5.3 同步发电机调压系统的结构

同步发电机调压系统由同步发电机、电压调节器、相复励装置、交流励磁机、旋转整流器和检测装置组成。系统原理图见图 7-4，其中相复励装置的输入信号 u 控制励磁电路的分流大小，以达到对励磁电压的可控调节。

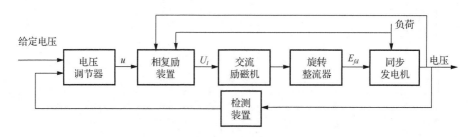

图 7-4 同步发电机调压系统原理图

将可控相复励装置的数学模型与无刷励磁发电机的数学模型结合起来，就得到了同步发电机调压系统的数学模型。

7.6　柴油发电机组并联运行的数学模型

柴油发电机组的数学模型包括机电暂态过程的数学模型和电磁暂态过程的数学模型两部分。首先建立机电暂态过程的数学模型，然后建立电磁暂态过程的数学模型，最后在两个模型的基础上建立单台柴油发电机组的数学模型。

柴油发电机组机电暂态过程的数学模型描述了柴油发电机组的运动规律，反映了功角和角速度的动态变化过程，其表达式为

$$\begin{cases} \dfrac{\mathrm{d}\delta}{\mathrm{d}t} = \omega - 1 \\ \dfrac{\mathrm{d}\omega}{\mathrm{d}t} = \dfrac{T_b}{T_a\omega_0}\omega + \dfrac{1}{T_a\omega_0}c_1 + \dfrac{c_2}{T_a\omega_0}L - \dfrac{1}{T_a\omega_0}\dfrac{E_q'U}{X_d'}\sin\delta - \dfrac{1}{T_a\omega_0}\dfrac{U^2}{2}\dfrac{X_d'-X_q}{X_d'X_q}\sin 2\delta \end{cases} \tag{7-83}$$

式中，δ——柴油发电机组功角；

ω——柴油发电机组电角速度；

U——发电机定子绕组端电压；

E_q'——q 轴暂态电势；

X——各绕组电抗；

L——柴油机调速器执行器输出轴位移；

$\omega_0 = 100\pi\mathrm{rad/s}$；

T_a、T_b、c_1、c_2——常数。

δ、L 为实在值，其余变量为标幺值。

从式（7-83）可知，该方程具有非线性特征。

柴油发电机组电磁暂态过程的数学模型包括同步发电机定子电压平衡方程和励磁绕组电磁暂态方程，这里忽略阻尼绕组的作用，其表达式为

$$\begin{cases} \dfrac{\mathrm{d}E_q'}{\mathrm{d}t} = \dfrac{1}{T_{d0}}E_{fd} - \dfrac{1}{T_{d0}}E_q' - \dfrac{X_d-X_d'}{T_{d0}}I_d \\ U_d = -RI_d + \omega X_q I_q \\ U_q = -RI_q - \omega X_d'I_d + \omega E_q' \\ U = \sqrt{U_d^2 + U_q^2} \end{cases} \tag{7-84}$$

式中，U——定子绕组端电压；

U_d 和 U_q——定子绕组端电压的 d 轴和 q 轴分量;

R——定子绕组电阻;

X——各绕组电抗;

I——各绕组电流;

T_{d0}——励磁绕组时间常数;

E'_q——q 轴暂态电势;

E_{fd}——励磁绕组电压。

由于 E'_q 不容易测量,这里选取定子绕组端电压 U 作为状态变量,只需将式(7-84)中的 E'_q 转换成 U 即可。根据变量数据之间的关系有下式成立:

$$U = E'_q - c_3\delta \tag{7-85}$$

式中, c_3——常数。

将式(7-85)代入式(7-84)中的第一式得

$$\frac{\mathrm{d}U}{\mathrm{d}t} = \frac{1}{T_{d0}}E_{fd} - \frac{1}{T_{d0}}U - \frac{c_3}{T_{d0}}\delta - c_3\omega - \frac{X_d - X'_d}{T_{d0}}I_d + c_3 \tag{7-86}$$

将式(7-85)代入式(7-83)并与式(7-86)联立得

$$\begin{cases} \dfrac{\mathrm{d}\delta}{\mathrm{d}t} = \omega - 1 \\ \dfrac{\mathrm{d}\omega}{\mathrm{d}t} = \dfrac{T_b}{T_a\omega_0}\omega + \dfrac{1}{T_a\omega_0}c_1 + \dfrac{c_2}{T_a\omega_0}L - \dfrac{1}{T_a\omega_0}\dfrac{(U+c_3\delta)U}{X'_d}\sin\delta - \dfrac{1}{T_a\omega_0}\dfrac{U^2}{2}\dfrac{X'_d - X_q}{X'_d X_q}\sin 2\delta \\ \dfrac{\mathrm{d}U}{\mathrm{d}t} = -\dfrac{c_3}{T_{d0}}\delta - c_3\omega - \dfrac{1}{T_{d0}}U + \dfrac{1}{T_{d0}}E_{fd} - \dfrac{X_d - X'_d}{T_{d0}}I_d + c_3 \end{cases} \tag{7-87}$$

由电流 I_d 的表达式可知

$$I_d = \frac{E'_q - U\cos\delta}{X'_d} \tag{7-88}$$

将式(7-85)代入式(7-88)得

$$I_d = \frac{U + c_3\delta - U\cos\delta}{X'_d} \tag{7-89}$$

将式（7-89）代入式（7-87）整理得

$$\begin{cases} \dfrac{\mathrm{d}\delta}{\mathrm{d}t} = \omega - 1 \\[2mm] \dfrac{\mathrm{d}\omega}{\mathrm{d}t} = \dfrac{T_b}{T_a\omega_0}\omega + \dfrac{1}{T_a\omega_0}c_1 + \dfrac{c_2}{T_a\omega_0}L - \dfrac{1}{T_a\omega_0}\dfrac{(U+c_3\delta)U}{X'_d}\sin\delta - \dfrac{1}{T_a\omega_0}\dfrac{U^2}{2}\dfrac{X'_d - X_q}{X'_d X_q}\sin 2\delta \\[2mm] \dfrac{\mathrm{d}U}{\mathrm{d}t} = -\dfrac{X_d c_3}{T_{d0}X'_d}\delta - c_3\omega - \dfrac{X_d}{T_{d0}X'_d}U + \dfrac{1}{T_{d0}}E_{fd} + \dfrac{X_d - X'_d}{T_{d0}X'_d}U\cos\delta + c_3 \end{cases} \quad (7\text{-}90)$$

式（7-90）是单台柴油发电机组的非线性数学模型，该模型将功角、转速、电压相互作用和相互影响的关系反映出来，准确地描述了三个变量的变化规律。

这里取第一台同步发电机的 *d-q* 轴为参考系，建立两台柴油发电机组并联运行的数学模型。假设两台柴油发电机组功率、型号和参数一致，负载电流的 d、q 分量为 I_d、I_q，两台同步发电机的功角差为 δ_{12}，则两台柴油发电机组并联运行的数学模型为

$$\begin{cases} \dfrac{\mathrm{d}\delta_i}{\mathrm{d}t} = \omega_i - 1 \\[2mm] \dfrac{\mathrm{d}\omega_i}{\mathrm{d}t} = \dfrac{T_b}{T_a\omega_0}\omega_i + \dfrac{1}{T_a\omega_0}c_1 + \dfrac{c_2}{T_a\omega_0}L_i - \dfrac{1}{T_a\omega_0}\dfrac{(U_i+c_3\delta_i)U_i}{X'_d}\sin\delta_i - \dfrac{1}{T_a\omega_0}\dfrac{U_i^2}{2}\dfrac{X'_d - X_q}{X'_d X_q}\sin 2\delta_i \\[2mm] \dfrac{\mathrm{d}U_i}{\mathrm{d}t} = -\dfrac{X_d c_3}{T_{d0}X'_d}\delta_i - c_3\omega_i - \dfrac{X_d}{T_{d0}X'_d}U_i + \dfrac{1}{T_{d0}}E_{fdi} + \dfrac{X_d - X'_d}{T_{d0}X'_d}U_i\cos\delta_i + c_3 \end{cases} \quad (7\text{-}91)$$

式中，$i=1,2$，下标 1 指第一台柴油发电机组，下标 2 指第二台柴油发电机组。

两台柴油发电机组的电流耦合关系为

$$\begin{bmatrix} I_d \\ I_q \end{bmatrix} = \begin{bmatrix} I_{d1} \\ I_{q1} \end{bmatrix} + \begin{bmatrix} \cos\delta_{12} & \sin\delta_{12} \\ -\sin\delta_{12} & \cos\delta_{12} \end{bmatrix} \begin{bmatrix} I_{d2} \\ I_{q2} \end{bmatrix} \quad (7\text{-}92)$$

式（7-92）描述了两台柴油发电机组并联后的电流分配关系。

两台柴油发电机组的电压耦合关系为

$$\begin{bmatrix} U_{d1} \\ U_{q1} \end{bmatrix} = \begin{bmatrix} \cos\delta_{12} & \sin\delta_{12} \\ -\sin\delta_{12} & \cos\delta_{12} \end{bmatrix} \begin{bmatrix} U_{d2} \\ U_{q2} \end{bmatrix} \quad (7\text{-}93)$$

式（7-93）描述了两台柴油发电机组并联后的电压制约关系。

式（7-91）～式（7-93）是两台柴油发电机组并联运行的非线性数学模型，该模型将两台柴油发电机组相互作用、相互影响的关系反映出来，准确地描述了两台柴油发电机组功角、转速、电压的变化规律。

参 考 文 献

高国权，1983．电站用柴油机调速系统[M]．北京：人民交通出版社．

管小铭，1999．船舶电力系统及自动化[M]．大连：大连海事大学出版社．

黄曼磊，李殿璞，2004．船舶电站同步发电机调压系统的数学模型[J]．哈尔滨工程大学学报，25（3）：305-308，317．

黄曼磊，李殿璞，刘宏达，2002．柴油机双脉冲调速器的仿真研究[J]．船舶工程，24（3）：36-38．

黄曼磊，李殿璞，唐嘉亨，2000．柴油机双脉冲调速系统的数学模型[C]．中国自动化学会第15届青年学术年会：242-245．

黄曼磊，刘宏达，许梦琪，2012．柴油发电机组并联运行的混沌振荡分析[J]．哈尔滨工程大学学报，33（2）：192-196．

黄曼磊，唐嘉亨，郭镇明，1997．柴油机调速系统的数学模型[J]．哈尔滨工程大学学报，18（6）：20-25．

黄曼磊，王常虹，2006．船舶电站柴油发电机组的非线性数学模型[J]．哈尔滨工程大学学报，27（1）：15-19，47．

姜锦范，2005．船舶电站及自动化[M]．大连：大连海事大学出版社．

兰海，卢芳，孟杰，2013．舰船电力系统[M]．北京：国防工业出版社．

林洪贵，2015．船舶电站[M]．西安：西安交通大学出版社．

孟宪尧，孟松，韩新洁，2009．船舶电站设计原理和规范[M]．大连：大连海事大学出版社．

单海校，张华，2016．船舶电站及其自动化[M]．北京：海洋出版社．

吴志良，2012．船舶电站[M]．大连：大连海事大学出版社．

燕居怀，谭银朝，2018．船舶电力系统[M]．北京：北京理工大学出版社．

张汝均，1989．船舶电站同步发电机的自动励磁装置[M]．北京：国防工业出版社．

章以刚，2012．舰船供电系统和装置[M]．哈尔滨：哈尔滨工程大学出版社．